Jane Hartman

© 1994
by Sieglinde Scherer
Salzburg

Die Heilkraft der richtigen Schwingung

Radionik und Pendeln

Hugendubel

Aus dem Amerikanischen von Erich Keller

Die Originalausgabe erschien unter dem Titel
Shamanism for the New Age. A Guide to Radionics and Radiesthesia
bei Aquarian Systems, N.M., USA

© Jane Hartman 1987

CIP-Titelaufnahme der Deutschen Bibliothek

Hartman, Jane E.:
Die Heilkraft der richtigen Schwingung : Radionik und
Pendeln / Jane E. Hartman. [Aus dem Amerikan. von Erich
Keller]. – München : Hugendubel, 1991
(Irisiana)
ISBN 3-88034-484-1

© der deutschsprachigen Ausgabe Heinrich Hugendubel Verlag,
München 1991
Alle Rechte vorbehalten

Lektorat: Hanna Moog

Umschlaggestaltung: Zembsch' Werkstatt, München
Produktion: Tillmann Roeder, München
Satz: Otto Gutfreund, Darmstadt
Druck und Bindung: Spiegel Buch, Ulm-Jungingen

ISBN 3-88034-484-1

Printed in Germany

INHALT

Für meine Schüler
Mögt Ihr immer von Licht erfüllt sein

VORWORT
ZUR DEUTSCHEN AUSGABE

Unsere Welt ist im Umbruch, politisch, gesellschaftlich, technologisch und vor allem geistig. Dieser Umbruch geht auch an der Medizin nicht vorüber. Immer mehr Menschen verstehen sich nicht mehr als Maschinen, die im Bedarfsfall mit technischen Werkzeugen repariert und mit pharmazeutischen Schmiermitteln wieder zum Laufen gebracht werden müssen, sondern als komplexe, ganzheitliche Organismen. Wir erleben uns zunehmend als schwingende Energiestrukturen, die sich über zahlreiche Ebenen und Dimensionen erstrecken. Wir erfahren uns natürlich auch als körperliche Lebensform, aber gleichfalls als emotionale und intellektuelle, als spirituelle und transzendente!

Krankheit wird von Menschen mit einer derartigen Sichtweise als Disharmonie von Schwingungsmuṣtern, als eine Unordnung sonst geordneter Energien begriffen. Das Leitmotiv des berühmten Naturheilers Dr. Edward Bach (»Blumen, die durch die Seele heilen«) macht diese Auffassung von Krankheit anschaulich: »Heile die Persönlichkeit, nicht die Krankheit(ssymptome).«

Hier setzen Radiästhesie und Radionik, die Themen des vorliegenden Buchs, an. Es geht dabei um Methoden, feine und feinste Energien zu erfassen und zu registrieren und mit subtilen Schwingungen auch zu behandeln.

Während Radiästhesie, wozu auch Pendeln und Rutengehen gehören, in Deutschland bereits bekannt und inzwischen weithin anerkannt sind, ist Radionik bislang noch eher unbekannt gewesen. Radionik wendet »unsichtbare«, aber je nach Sachlage höchst wirksame geistige, emotionale und mentale Energien an, um zu Harmonie und Heilung zu gelangen. Einfachste Energiemuster, zum Beispiel nur auf ein Papier geschrieben, reichen in Verbindung mit der Übertragung von Gedankenkraft aus. Elektronische Geräte kommen seit kurzer

Zeit als Erleichterung der Konzentration auf bestimmte Kräfte dazu.

Die »New Age-Wissenschaftlerin« Dr. Jane E. Hartman aus Placitas in New Mexiko hat sich mit diesem Themenkreis ein halbes Leben lang intensiv sowohl theoretisch wie praktisch erfolgreich auseinandergesetzt, eigene Forschungen betrieben und als Heilerin gearbeitet. Sie legt mit diesem Buch einen profund informierenden und übersichtlichen, ganz auf die Praxis ausgerichteten Leitfaden vor.

Wichtige erprobte und bewährte Methoden und Techniken der Radiästhesie und Radionik werden vorgestellt und ihre Anwendung klar beschrieben. Jane Hartman setzt sie in Beziehung zu den Chakren und endokrinen Drüsen, zu Farben, Kristallen, Aromaölen und den Sieben Strahlen. Immer wieder ermuntert sie die LeserInnen, selbst weiter zu experimentieren und eigene Erfahrungen zu gewinnen.

Ihr wertvolles Buch wird sich auch in den deutschsprachigen Ländern als ein wunderbarer »Einstieg« für Laien und als eine reiche Informationsquelle für Behandler erweisen.

Wir wünschen den Leserinnen und Lesern von Jane Hartmans *Die Heilkraft der richtigen Schwingung,* daß Sie genauso davon profitieren mögen wie wir dies voller Dank erfahren dürfen.

INGRID S. KRAAZ
Heilpraktikerin und
Homöopathin

WULFING VON ROHR
Fachbuchautor und
Fernsehjournalist

EINLEITUNG

Nach den Aussagen vieler hellsichtiger Zeitgenossen nähern wir uns einer Epoche, in der sich die Erde einem tiefgreifenden Reinigungsprozeß unterzieht, der das Leben, wie wir es kennen, drastisch verändern wird. Wenn man die Vorhersagen ernstnimmt, könnte uns das Schicksal so mancher ausgestorbenen Tiergattung bevorstehen. Sollten auch nur einige dieser Ereignisse eintreten, sind wir gezwungen, uns auf unsere eigenen inneren Kräfte zu verlassen, um zu überleben.

Eine Flut von Büchern und Artikeln sind als Anleitungen zu diesem Thema geschrieben worden. Es dürfte nicht einfach sein, ohne Wasseraufbereitungsanlagen, Stromversorgung und die unzähligen Luxusdinge, die wir gewohnt sind, zu leben. Wenn wir es dennoch schaffen wollen, müssen wir jene intuitiven Kräfte nutzen, die zu begraben und zu vergessen uns unsere Zivilisation gezwungen hat.

Dieses Buch ist als Ratgeber gedacht; es soll dabei helfen, die Fähigkeiten wiederzuentdecken und handhaben zu lernen, die wir Menschen einmal besessen haben, als wir noch die Ureinwohner dieses Planeten waren. Ich stelle darin Techniken vor, von denen ich meine, daß sie Aspekte von Schamanismus darstellen, und zwar glaube ich dies aus folgendem Grund:

Viele Menschen assoziieren mit Schamanismus z. B. einen Indianer mit Federschmuck und Rassel, der singend und tanzend Zauberformeln und Beschwörungen hervorbringt. Schamanismus bedeutet aber viel mehr.

Die indianischen Schamanen zum Beispiel wußten, bevor die Weißen ihre Stammesbräuche zerstörten, wie man im Einklang mit der Erde lebt, und sie haben es verstanden, die Kräfte, die dieses Wissen verleiht, zu nutzen. Tatsächlich betrachteten sich alle frühen Bewohner der Erde als Teil eines allumfassenden Bewußtseins. Sie besaßen ein inneres Wissen und eine Fähigkeit, die wir heute als Intuition bezeichnen würden. Weltweit fand man bei allen Schamanen bestimmte übereinstimmende Techniken. Mit diesen Techniken konnte der Schamane universelle Energien nutzen und handhaben, die damals wie heute unbegrenzt vorhanden sind. Er oder sie war durch diese Energien mit Kräften verbunden, um zu heilen oder andere »Wunderdinge« zu vollbringen. Schamanismus bedeutet die Anwendung von Kraft oder Energie auf eine besonders wirkungsvolle Weise. Und da schamanistische Methoden wirksam sind, haben sie die Zeiten überdauert. In »Der Weg des Schamanen« schreibt Michael Harner: »Schamanismus stellt die am weitesten verbreitete und älteste Methode zur Heilung von Körper und Geist dar, die der Menschheit bekannt ist.«

Sogenannte primitive Kulturen haben es, im Gegensatz zu uns heute, stets verstanden, mit Hilfe geistiger Fähigkeiten Energien anderer Dimensionen zu erschließen, die ihnen halfen zu überleben. Dazu gehörte es selbstverständlich auch, gesund zu bleiben. Für die meisten dieser Kulturen war das Übernatürliche ein realer und lebendiger Bestandteil des täglichen Lebens und nicht ein gelegentlicher Ausflug ins Okkulte oder Quacksalberei. Sie ließen sich von Wesen aus anderen Dimensionen – Tiergeistern oder anderen Wesensformen – schützen, leiten und helfen. Man nimmt auch an, daß die Schamanen veränderte Bewußtseinszustände dazu benutzten, eine besondere gesellschaftliche Position zu erlangen oder zu sichern. Die Tiefe solcher Bewußtseinszustände variiert von tiefer Trance bis zu bewußter Wahrnehmung. Die Schamanen verwendeten auch Kraftgegenstände.

In jedem Fall sollten Sie dafür sorgen, daß sich ein Kristall unter Ihren Arbeitsmitteln befindet. Er gehört zu den stärksten Kraftträgern und ist ein Helfer des Geistes. Kristalle verstärken die Wirkung von Energieübertragungen.

In diesem Buch werden wir den Gebrauch verschiedener Kraftträger wie Naturheilmittel, Edelsteine, Farben und Düfte untersuchen. Sie alle stellen spezifische Energien oder Schwingungen dar, die dazu beitragen, Ihre Heilkräfte zu steigern. Sie gehören alle zur möglichen Ausrüstung des »modernen Schamanen«. Übrigens kommt das alte Wort »Schamane« vom Vedischen »sram« und bedeutet »sich heilen« oder »Einfachheit praktizieren«.

Schamanismus ist so alt wie die Menschheit. Der Begriff bezeichnete ein breites Spektrum von Menschen auf der ganzen Welt mit den verschiedensten Fähigkeiten und Berufen. Der Schamane konnte ein Politiker, Priester, Mystiker, Mediziner oder eine Kombination aus diesen sein. Wegen ihrer vorgegebenen oder wirklichen Macht wurden sie von ihrem jeweiligen Stamm mit Ehrfurcht behandelt.

Schamanistisches Wirken zielte immer auf die Heilung aller Bereiche des menschlichen Seins ab. Der gezielte Umgang mit den universellen Energien war das Handwerkszeug der Schamanen, und ihre Fähigkeiten deckten ein breites Spektrum ab. In diesem umfassenden Sinn möchte ich die Kunst des Schamanismus verstanden wissen, wenn ich hier die Behauptung aufstelle, daß Radiästhesie und Radionik – die Energie-Techniken, die Gegenstand dieses Buches sind – die moderne Form des Schamanismus darstellen. Trommel und Rassel werden durch ein Pendel sowie verschiedene Diagramme und Schaltkreise ersetzt, die notwendig sind, um den Geist zu fokussieren.

Ein ernsthafter Heiler wird, wie seine schamanistischen Vorfahren, sein Alltagsbewußtsein verändern müssen, um Klarheit für sich, seine Arbeit und die erforderlichen Informationen zu gewinnen. Ich kann nicht sagen, woher diese Informationen kommen; meine eigenen Erfahrungen sagen mir nur, daß viele **nicht** aus meinem Verstand oder aus gelerntem Wissen stammen. Ich benutze auch keine Tierhelfer in dieser Phase meiner Arbeit. Allerdings habe ich »führende« Energien, die zeitweise sehr stark sind, und Engelwesen, die mich leiten. Ich bin davon überzeugt, daß dies für die meisten in diesem Bereich arbeitenden Menschen zutrifft.

Ich weiß nicht, wieviele Schamanen »in die Unterwelt hinabgestiegen sind«, wie Harner die schamanistische Reise beschreibt, aber ich wette, die meisten hatten visionäre und inspirierende Momente und benutzen das »Starke Auge«, wie es die australischen Ureinwohner bezeichnen. Wir alle visualisieren und nutzen die Vorstellungskraft als Teil unserer Arbeit. Diese Methode hat sich nachweislich bewährt.

Mit Hilfe der in diesem Buch beschriebenen Techniken können Sie einen ersten Schritt in Richtung Schamanismus tun. Sie lernen, Ihr eigenes umfangreiches, höchst sensibles Nervensystem als Werkzeug zu nutzen. Unsere Körper sind das perfekteste System der Welt. Sie haben die Möglichkeit, mit all den unglaublichen Potentialen in Berührung zu kommen, die Ihre Urvorfahren genutzt haben, um ihre Geisteskräfte so zu leiten, daß sie im Zusammenwirken mit den verschiedenen energetischen Systemen Harmonie und Wohlbefinden gefördert und erhalten haben.

Trotz allem können diese Techniken nur ein Anfang sein. Jeder, der sich ernsthaft damit beschäftigt, wird wie ich darin aufgehen, denn es gibt keine Grenzen des Machbaren. Lassen Sie sich von Ihrer Kreativität soweit wie möglich leiten.

New Mexico, Januar 1987

1

Das Wesen aller Dinge:
ENERGETISCHE SYSTEME

»Das Feld ist die einzige Realität«, sagte Albert Einstein. Diese Feststellung ist Grundlage des folgenden Kapitels. Es handelt von Energie und Energiefeldern.

Alles ist eine Form von Ernegie. Das gilt für Sie und für mich ebenso wie für ein Tier, einen Stein, einen Tisch oder einen Baum. Alles Vorstellbare und Nichtvorstellbare ist Energie; seine molekulare Struktur ist in ständiger Bewegung. Materie, wie der Tisch, ist eine auf physikalische Form begrenzte Energie. Sie stellt die dichteste Form von Energie dar. Die Meister des uralten Wissens sagen, daß Materie Geist auf der niedrigsten Ebene seiner periodischen Aktivität ist, während Geist die höchste Ebene von Materie ist.

Zu akzeptieren, daß alles Energie ist, ist wahrscheinlich das erste und größte Hindernis, das es zu überwinden gilt, wenn wir den Umgang mit Energiesystemen verstehen wollen. Ferner müssen wir uns klarmachen, daß es hauptsächlich unsere Schwingungen oder die Frequenz unserer Energiestruktur sind, die uns vom Tisch oder Stein im Garten trennen. Wenn wir die Kunst einiger Yogis beherrschten, unsere Schwingungen zu erhöhen, könnten wir unsere Hände durch die Oberfläche eines Tisches stecken. Die philippinischen Geistheiler demonstrieren das sehr anschaulich.

Wirkliche Geistheiler – es gibt eine Vielzahl von Schwindlern und Scharlatanen – können mit Hilfe bestimmter Rituale, einschließlich Gebeten und Bibel-Lesungen, ihre Schwingungswerte so verändern, daß ihre Hände bei der Arbeit die Energiestruktur des Fleisches passieren können. Die meisten von uns in der westlichen Welt macht das sprachlos, weil wir noch nicht gelernt haben, Dinge als Energie zu betrachten. Wir denken immer noch in Begriffen wie feste Materie im Gegensatz zu Gas oder Flüssigkeit. Genauso denken wir an etwas Getrenntes, wenn wir Raum, Luft, Feuer, Wasser, Erde – die Lebensgrundlagen – betrachten. Wenn wir statt dessen in dem Begriff »Energie« denken könnten, würden wir die Einheit begreifen. Alles sind nur Aspekte derselben Kraft.

Eines der besten Beispiele für diese Vorstellung ist ein Eiswürfel. Als Eiswürfel ist er fest. Wenn er schmilzt, wird er flüssig. Wenn man ihn kocht, wird er zu Wasserdampf, also Gas; ein Beispiel also, wie dieselben Elemente, Sauerstoff und Wasserstoff, in verschiedenen Formen auftreten können.

Wenn wir den menschlichen Körper betrachten, können wir ihn mit einem Universum vergleichen. Die Philosophen des Altertums nannten ihn den Mikrokosmos des Makrokosmos. Hildegard von Bingen schrieb: »Oh, Mensch, schau Dir den Menschen an: weil er in sich Himmel und Erde hat!«

Selbst auf der winzigsten Ebene der Zelle stellen wir ein rhythmisches Universum dar. Wenn wir genau hinschauen, werden wir feststellen, daß alles in einem geordneten Rhythmus vibriert, vom Halleyschen Kometen bis zur Teilung einer einzigen, winzigen Zelle. Wir könnten uns sogar vorstellen, daß der Körper ein musikalischer Akkord ist, bei dem alle Organe und Systeme unverwechselbare Töne hervorbringen, die in Harmonie miteinander sein müssen, damit sich Wohlbefinden einstellt.

Gewöhnlich sind wir uns der Schwingungen des menschlichen Körpers nicht bewußt, aber ohne Schwingungen gäbe es keine Materie. Auf der Zellebene wirken elektrische Partikel aufeinander ein und produzieren so die Energie, welche die Zelle auf ihren Lebenskurs bringt. Jede Zelle ist wie eine kleine Batterie. Sie ist aus Atomen zusammengesetzt, die aus positiven und negativen elektrischen Partikeln bestehen. Sie gleicht in ihrer Struktur einem Sonnensystem, dessen Planeten sich um den Sonnenkern drehen. Alle Energie, ob durch Form begrenzt oder formlos, ist lebendig und daher dynamisch.

Die Atome verbinden sich, bilden Moleküle und, durch weitere Verbindungen, Zellen. Der Körper ist aus verschiedenen Zellen aufgebaut. Jede schwingt nach einem eigenen Muster, das der Summe der Schwingungen entspricht, aus denen sich die Zelle zusammensetzt.

Zellen, die die verschiedenen Organe wie Magen, Herz, etc. bilden, haben jeweils einen eigenen Charakter. Jedes Organ hat wiederum eine individuelle Schwingung. Und wie alle kosmischen Körper geht jede Zelle durch den Prozeß von Geburt, Wachstum, Tod und Auflösung.

Harmonie ist eine wesentliche Voraussetzung, damit das System des menschlichen Körpers als Ganzes effizient funktioniert. Wenn die Schwingungen in irgendeinem Bereich gestört sind, wirkt sich das auf das gesamte System aus. Un-Wohlsein oder Funktionsstörungen sind das Ergebnis. Wer von uns kennt nicht das Unbehagen, wenn wir mit jemand zusammen sind, dessen Schwingungen nicht zu den unsrigen passen?

Wie alles im Universum sind wir aus EINER Energie zusammengesetzt, die sich in unzähligen verschiedenen Formen verkörpern kann. Im Laufe der Zeiten erhielt diese Energie, wie sie im menschlichen Körper und in anderen Lebensformen angetroffen wurde, die unterschiedlichsten Namen, je nachdem, von welchem Forscher sie entdeckt wurde. Man nannte sie Odische Kraft oder Odem, Orgon-Energie, Vitalkraft, Prana, molekularer Äther, psychometrische Energie, Gott, Manitou und vieles mehr. SIE ist alles. Aus Beweisen der Wissenschaft können wir jetzt schlußfolgern, daß alle Materie letztendlich Urenergie im Zustand der Bewegung ist. Was wir als »fest« um uns herum sehen, ist in Wahrheit eine Sinnestäuschung.

Der indische Meister Sri Sathya Sai Baba sagt dazu: »Die Energie, durch die die elementarsten und subtilsten Partikel der Materie miteinander verbunden sind, ist göttlich. Die individuelle Trennung dieser Energie-Partikel ist absolut präzise und kann durch niemand verändert werden. Jede Trennung oder Verschmelzung würde die Nichtexistenz der Schöpfung bedeuten. Die göttliche Energie ist Gott.«

Auf der Ebene lebendiger Systeme scheint diese Kraft alle Lebensfunktionen zu steuern. Harold Saxon Burr, ehemals Professor der Anatomie an der Yale Universität, hat in den 1930er Jahren experimentell bewiesen, daß der Mensch und alle Lebewesen in elektrodynamischen Feldern organisiert sind, die gemessen und aufgezeichnet werden können. Die weitreichendste Entdeckung in Burrs über vierzigjähriger Forschungstätigkeit ist jedoch die Tatsache, daß ein Feld scheinbar für sich allein existiert, bevor überhaupt eine Spur der physischen Form erscheint, der es entspricht. Das würde belegen, daß es sich bei dem Feld nicht um die Ausstrahlung einer physischen Form handelt. Burr folgerte daraus, daß L-Felder (Lebensenergie-Felder) das organisierende Prinzip hinter der physischen Form sind. Das heißt, das L-Feld ist das Programm, das die atomare Struktur zur Zellbildung anregt und den Zellen bestimmte Formen und Funktionen zuweist. Mit anderen Worten, die L-Felder stellen quasi eine Konstruktionszeichnung der Form dar.

Die Russen Semyon und Valentina Kirlian entdeckten etwa zur gleichen Zeit eine Technik, um diese Felder, wie sie von lebenden Organismen abgestrahlt werden, zu fotografieren. Wie Burr fanden die Kirlians heraus, daß Krankheit über die Diagnose von Veränderungen in den Vitalfeldern vorhergesagt oder entdeckt werden kann. Das gilt auch für psychische Erkrankungen und macht die Kirlian-Fotografie in der Psychiatrie außerordentlich hilfreich. Ein anderer faszinierender Fund, der aus all diesen Forschungen resultierte, zeigte, daß die L-Felder von Bäumen, die über einen Zeitraum von über 30 Jahren beobachtet wurden, in Abhängigkeit von natürlichen Phänomenen wie Sonnenflecken, Mondzyklen, Licht, Dunkelheit und Stürmen schwankten. Wenn wir nun alle EINE Energie sind, folgt dann nicht daraus, daß auch wir den kosmischen und anderen Kräften unterworfen sind, wie es die Astrologen von altersher behaupten?

Brugh Joy, der als sensitives Medium bekannt geworden ist, fand bei seiner Chakraarbeit, daß ägyptische Mumien wohl so etwas wie den Hauch eines Energiefeldes haben, das er mit seinen empfindsamen Händen erfühlen konnte. Das scheint darauf hinzudeuten, daß das Feld nach dem Tod die Form umschwebt. Das chronologische Alter einer Mumie hätte somit keinen Einfluß darauf, wie lange das Feld verbleibt, da Zeit und Raum eine Erfindung des menschlichen Geistes sind.

Das Feld selbst ist eine geordnete Struktur in einem lebenden System. Man stellt sich vor, daß ein Struktur-Feld unser

Universum umgibt. Alles im Universum unterliegt dem Struktur-Feld des Schöpfers, dem alles regierenden Feld eines Höheren Geistes.

Energie drückt sich auf so viele Weisen aus, daß unser begrenztes menschliches Bewußtsein sie gar nicht vollständig erfassen kann. Was wir als Form sehen, ist uns bekannt, aber es gibt viel subtilere Energieformen. Da ist zum Beispiel »freie« Energie wie Gedanken oder Elektrizität. In Zusammenarbeit mit Dr. Leonard Ravitz fand Burr heraus, daß ein Gedanke das L-Feld beeinflussen kann. Erst heute beginnen wir den Wert von positiver Imagination und positivem Denken zu begreifen. Ravitz vertrat außerdem die Auffassung, daß Gedanken-Felder sich wahrscheinlich an Energie-Felder anhängen und – so unglaublich es auch klingt – von ihnen auf einen Ausflug mitgenommen werden können. In der esoterischen Literatur aller Zeiten finden wir den Satz »Energie folgt den Gedanken, und Gedanken werden Wirklichkeit«. Wir können diese Aussage nun verändern in »Gedanken sind Energie«, und als solches sind sie eine Kraft, die genutzt werden kann.

Materie ist kristallisierte Energie. Gedanken-Felder können sich an Materie anschließen. Ein übersinnlich begabter Mensch kann zum Beispiel einen Gegenstand halten und sagen, was seit seiner Herstellung mit ihm geschah. Auf diese Weise wurde – insbesondere bei historischen Gegenständen wie Antiquitäten – schon so manche interessante Geschichte entdeckt. Die Kahunas, hawaiianische Priester oder Heiler, sprechen von AKA-Fäden, die Menschen mit allem verbinden, womit sie je im Laufe ihres Lebens in Kontakt gekommen sind. Das illustriert, wie ein Gedanken-Feld wirken kann, wenn es sich an Materie bindet. Unsere moderne Wissenschaft beginnt gerade zu erforschen, was ältere Kulturen durch ihre Schamanen und Priester schon längst gewußt haben.

Gedanken-Felder oder -Formen können sich tatsächlich an andere Energieformen anschließen. Wenn wir diese Tatsache mit all ihren Konsequenzen ernstnehmen, dann müssen wir völlig umdenken lernen. Das alte Sprichwort »Stock und Stein werden mir die Knochen brechen, aber Worte werden mich niemals verletzen« ist grundfalsch, da Gedanken den Worten vorausgehen und natürlich auch Gedanken und Worte uns verletzen können. Manchmal kann ein gewöhnlicher Gedanke eine Kettenreaktion auslösen, die besser vermieden worden wäre. Außerdem ist bekannt, daß wir unsere Gedanken aus einem Speicher in der Ätherschicht auswählen; sie werden nicht völlig eigenständig von uns formuliert. Dabei leitet unsere Konditionierung den Prozeß der Auswahl.

Alle Funktionen des menschlichen Körpers sind elektrochemische Vorgänge. Wie wir wissen, besteht die Zelle aus atomarer Substanz, sie ist ein mikroskopischer Kosmos aus Partikeln, die sich schneller als Licht bewegen und als Feinenergie existieren. Es entsteht ein magnetisches Feld, unter anderem durch die elektrochemische Interaktion mit anderen Zellen. Wenn wir uns die Zelle vorstellen, so findet eine ständige Übertragung von Elektrizität über ihre Grenzen hinaus statt. Elektrische Botschaften werden entlang der Nerven als Teil des Austauschs von Kalium- und Natrium-Salzen auf beide Seiten der Zellmembranen oder -grenzen getragen. Dieser Ausgleich – die Elektrizität bzw. das Säure-Alkali-Niveau der Zelle – ist grundlegend für ein harmonisches Funktionieren des menschlichen Körpers. Man hat zum Beispiel festgestellt, daß degenerative Krankheiten in einem alkalischen Feld auftreten. Zusätzlich hat jede Zelle ihr eigenes magnetisches Umfeld. Der wichtige Punkt ist, daß der Säure-Alkali-Ausgleich erhalten bleiben muß, um Schaden zu verhindern. Der Schlüssel zum Leben und zur Harmonie liegt im elektromagnetischen Gleichgewicht der menschlichen Struktur. Glücklicherweise nehmen magnetische und radiästhetische Therapien in Europa immer mehr Raum ein.

Menschen können auf der Zellebene auf zweierlei Weise betroffen werden: durch chemische Reaktionen oder durch Störungen der elektromagnetischen Frequenz aufgrund der Wechselwirkung mit einem anderen Feld oder einer Substanz wie zum Beispiel Drogen. Der Körper als Energie-Feld ist empfänglich für alle Schwingungen, die von lebenden Dingen ausgehen, reagiert daher auf alles, was Ausstrahlung besitzt.

In diesem Zusammenhang sei daran erinnert, daß der menschliche Körper zu 80 % aus Wasser besteht. Wasser ist für magnetische Einflüsse sehr empfänglich. Der Sauerstoff-Kern hat keine magnetische Ladung und würde also nicht auf externe Felder reagieren. Allerdings ist das einzelne Proton des Wasserstoff-Kerns sehr empfänglich für magnetische Einflüsse. Das führt dazu, daß Wasser leicht durch ein externes Magnetfeld polarisiert werden kann. Die Wasserstoff-Protonen richten sich in einem solchen Fall entsprechend dem jeweils benachbarten Feld aus.

Hier noch einmal eine Zusammenfassung der grundlegenden Erkenntnisse zum Thema Energie, soweit sie zum Verständnis der folgenden Kapitel notwendig sind:

Alles was existiert ist Energie. Es schwingt mit einer jeweils eigenen Frequenz, entsprechend seinen Bestandteilen. Jede Materie, in der elektrische Ladungen oszillieren, strahlt magnetische Wellen aus. Da alles in Bewegung befindliche Elektronen beinhaltet, gibt es keine Ausnahme von dieser Regel. Tatsächlich können wir das gesamte Universum als eine riesige Ansammlung von elektromagnetischen Feldern ansehen, in denen alles, vom Atom bis hin zu den Sternen, die ihren kosmischen Tanz aufführen, pulsiert. Die Magnetfelder schaffen Polaritäten durch Anziehung und Abstoßung, auch bekannt als Ebbe und Flut oder Yin und Yang. Diese Polarität durchzieht unser ganzes Universum und reicht noch darüber hinaus.

Energie und Materie sind einfach zwei Aspekte derselben Realität. In esoterischen Begriffen können wir Realität als Bewußtsein betrachten, während Energie, Masse und Materie verschiedene Aspekte davon darstellen. Der Gedanke ist eine Form von Energie.

2

Die unsichtbaren Körper des Menschen:
Schlüssel zur Harmonie

Die feinstoffliche oder unsichtbare Natur des Menschen ist zu allen Zeiten Gegenstand esoterischer Abhandlungen gewesen. Viele der Antworten, die wir suchen, werden in solchen Schriften gegeben, wenn wir nur die häufig verwirrende Fülle von Material zu enträtseln verstünden.

Wir haben Grund anzunehmen, daß die Menschheit bis vor nicht allzu langer Zeit noch nicht bereit war, mit Informationen einer »höheren« Art umzugehen, bis sie nun geradezu hineingedrängt wird in das anbrechende Zeitalter des Neuen Bewußtseins. Alle, die sich jetzt weigern, hinzuhören, zu sehen, zu spüren und sich weiterzuentwickeln, und davon gibt es viele, sollten sich der Konsequenzen bewußt sein.

Die anschaulichste Darstellung der feinstofflichen Ursprünge des Menschen gibt Aart Jurriaanse, ein profunder Kenner der Schriften von Alice Bailey, in seinem Buch »Bridges«: »Der Mensch ist die physische Manifestation der geistigen Monade, eines einzelnen Funkens des Einen Geistes.« Dieses Buch zu lesen bedeutet eine höchst informative Abkürzung auf dem Weg zum Verständnis der manchmal komplizierten Werke Alice Baileys, obwohl ein ernsthaft Interessierter auch diese selbst wird studieren wollen. Jurriaanses Buch verdichtet die monumentalen Bailey-Channelings von Dwan Khul, dem tibetischen Meister, der darin existenzielles Wissen über die Menschheit mitteilt. In dem Kapitel »Die Ebenen der Existenz« beschreibt Jurriaanse, daß die physische Ebene die vier unteren Reiche von Mensch, Tier, Pflanze und Mineral, also alle dichte Materie, umfaßt. Wir Menschen sind so beschaffen, daß wir uns auf diese Ebene konzentrieren sollen. Doch schreibt er auch: »Jenseits des gasförmigen Zustands existiert eine noch subtilere Ebene, die vom Menschen normalerweise nicht wahrgenommen wird und als ätherische Welt bekannt ist. Es ist aber wichtig, sich klarzumachen, daß die ätherische Welt, obwohl immateriell, doch noch zur physischen Ebene und nicht zur spritiuellen gehört.«

Mit der physischen Ebene werden auch der astrale und emotionale Körper in Verbindung gebracht. Letzterer wird, wie der Name schon andeutet, auch der Körper der Wünsche und Begierden genannt. Die meisten Menschen konzentrieren ihre Energien auf diese Ebene, und die meisten Krankheiten sind hier verwurzelt. Es ist die Ebene des äußeren Glanzes, der Zerstreuungen und Illusionen – all der verführerischen Fallen der materiellen Welt der Sinne.

Die Schwingungen der Astralebene sind zuständig für die Eigenschaften eines Individuums. Sie bestimmen u. a. seine Attraktivität und beinhalten alle möglichen psychischen Aspekte. Zum Beispiel treten viele Medien mit der Astralebene in Kontakt und nicht mit den höheren oder feineren Ebenen, um zum Beispiel Informationen von »Verstorbenen« zu erhalten. Das kann auch gefährlich sein. Ich erinnere mich, einmal einen erfahrenen Mann danach gefragt zu haben. Seine Antwort war kurz und treffend: »Sterben macht uns nicht klüger!« Das heißt, durch Sterben lernt man nicht mehr hinzu, als man während des Lebens erfahren hat. Daher kann uns der Ratschlag »Verstorbener« nur bedingt helfen. Auf den frühen Stufen der menschlichen Evolution hielt der Astralkörper (Wunsch- und Begierde-Körper) die Menschen zur Weiterentwicklung und Vermehrung an. Jetzt, da die Energien verfeinert werden, ändert sich seine Funktion.

Die Mental-Ebene ist die kritische, beurteilende Instanz auf höheren Ebenen, aber sie operiert auch in der Welt der Form. Übrigens, wenn wir von höher oder niedriger reden, beziehen wir uns nicht auf Höhe oder Tiefe, sondern auf die Entwicklung des Menschen zur Vollkommenheit hin. Der Mental-Körper ist aus geistigem Stoff gemacht und stellt die subtilste Energie der Persönlichkeit oder der niederen Ebenen dar. Das ist die Ebene des mentalen Gemüts. Die mentalen Schwingungen haben eine Schlüsselposition und vermögen über den Willen die Funktionen des Körpers aufeinander abzustimmen. In gewisser Hinsicht versuchen sie, das höhere Bewußtsein mit den drei Formen – oder dem niederen Bewußtsein – zu verbinden. Das mentale Gemüt kann jedoch auch zurückweisen und eine Trennung herbeiführen. Man betrachtet die mentale Ebene als den ersten »Aspekt«, die astrale als den zweiten und die physikalische oder dichteste Form als dritten Aspekt. Alle zusammen bilden die Persönlichkeit.

Der Gesamtaufbau der Menschheit könnte in absteigender Ordnung als die monadische, triadische und seelische Persönlichkeit beschrieben werden. Die Monade ist der reine Geist, der Vater. Die Triade ist eine Reflektion der Monade, durch die der Geist wirkt. Die Seele, auch bekannt als das Höhere Selbst, der innere Christus, ist das verbindende Prinzip, das für die Beziehung zwischen dem Höchsten Geist und der Materie steht.

In der Persönlichkeit verkörpert sich die Menschheit auf der physischen Ebene, doch setzt sich diese Persönlichkeit ihrerseits aus den drei genannten Ebenen, der mentalen, der astralen und der physisch/ätherischen zusammen. Die Persönlichkeitsebene ist normalerweise die einzige Form des Bewußtseins, der sich durchschnittliche Menschen bewußt sind. Die spirituelle Entwicklung und die Öffnung des Individuums für höhere Bewußtseinsebenen bestimmen darüber, inwieweit es sich dieser subtilen Ebenen bewußt ist. Die folgende Übersicht zeigt die Beziehungen zwischen den unsichtbaren Ebenen auf. Abbildung 1 ist eine schematische Interpretation.

DIE KOSMISCH-PHYSISCHE EBENE

Die spirituellen Ebenen
Die Gottheit oder göttliche Ebene
Göttlicher Funke/Monade
Der Geist oder Atman
Intuition oder Buddha (Seele)

DIE PERSÖNLICHKEITS- UND KÖRPER-EBENEN

Mentalebene
Emotional- oder Astralebene
Äther- oder physische Ebene

INTERPRETATION DER STRUKTUR DES MENSCHEN

(Die 7 Ebenen und ihre wechselseitige Durchdringung)

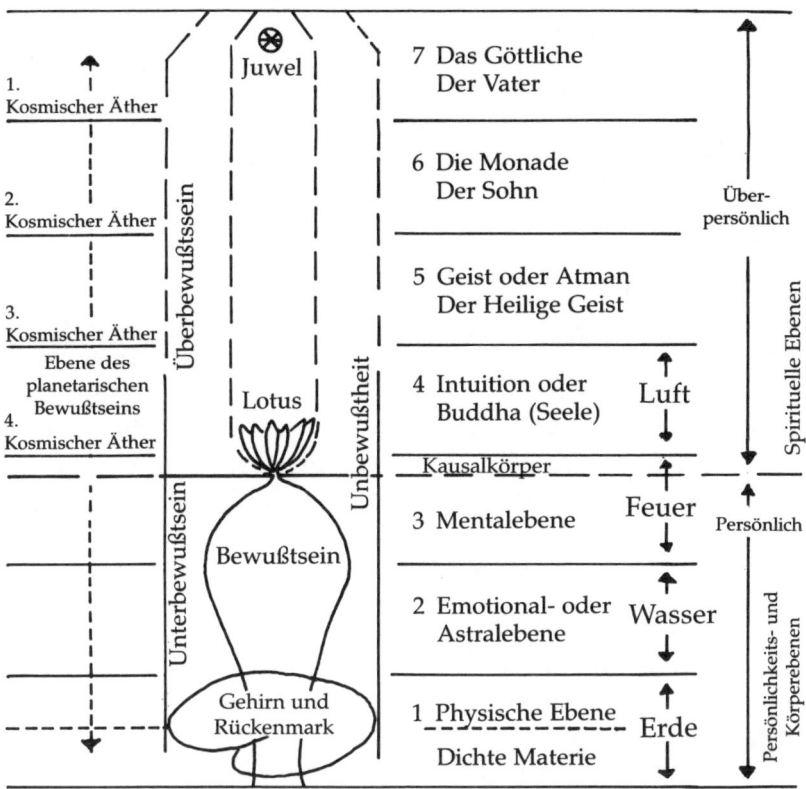

Abb. 1   (Nach einem Vortragsschema von Dr. Elmer Green, 1972.)

Die Menschheit als Wesen von physischer Dichte hat ihren Ursprung in einer komplexen Masse von Kräften und Feldern im ersten kosmischen Äther. In den Veden, den uralten Weisheitsschriften Indiens, wird folgende Frage gestellt: »Was ist der Ursprung dieser Welt? Äther, denn all diese Wesen nehmen ihren Anfang nur im Äther und kehren in den Äther zurück. Äther ist größer als jene, Äther ist ihr Ende.«

Der ätherische Körper umschließt und durchdringt regelrecht den physischen Körper auf seiner dichtesten Ebene. Er wird auch Vitalkörper oder ätherischer Doppelgänger genannt, weil er den physischen Körper widerspiegelt und ihm vollkommen zu entsprechen scheint. Ein Gewebe dieser ätherischen Energie hält die drei feinstofflichen Formen der Persönlichkeit zusammen.

Nach Alice Bailey besteht der ätherische Körper aus Kraftströmen; er besitzt Vitalzentren, die untereinander durch Kraftlinien und außerdem mit dem Nervensystem des physischen Menschen verbunden sind. Ferner stellt sie fest, daß der ätherische Körper durch diese Kraftlinien auch mit dem Ätherkörper des Umfeldes verbunden ist. Dies sei die Grundlage für den Glauben an Unsterblichkeit, für das Gesetz der Brüderlichkeit oder Einheit und für die Wahrheit der Astrologie.

Alle ätherischen Stoffe, angefangen von dem, der durch eine winzige Zellwand sickert, bis hin zum ätherischen Schutzschild der Erde und darüber hinaus, bilden ein untereinander verbundenes Netz oder Gitter. Fließende Energie bombardiert ständig alle Begrenzungen der Formen, wie sie etwa die Zellwände darstellen, und entflieht in den umgebenden Raum. Sie behält aber eine gewisse Zugehörigkeit bei und wird von der in der Form gehaltenen Materie angezogen. Wegen dieser Anziehung bleibt sie in unmittelbarer Nähe und formt den Ätherkörper oder die Aura, wie es einige nennen. Alle Formen von Energie haben einen Äthermantel. Bei lebenden Dingen nimmt die ätherische Energie Farben an, die abhängig sind von der Gesundheit, der psychischen und der spirituellen Entwicklung des Individuums.

Der Vitalkörper ist das Fundament, das Grundgerüst, auf dem der Materiekörper aufgebaut ist. Das feinstoffliche Material besteht eigentlich aus den »Nadis« (ein Sanskritwort mit der Bedeutung »Bewegung«), die ein ätherisches Nervennetzwerk darstellen. Sie gleichen einem komplizierten Diagramm von Meeresströmungen. Diese feinstofflichen Kanäle, durch die das Prana fließt, führen durch die Kraftzentren des ätherischen Rückgrats, genannt »Chakras«. Wir werden diese äußerst wichtigen Bereiche im nächsten Kapitel untersuchen.

Der Ätherkörper stellt den wichtigsten Teil des Reaktionsmechanismus' des physischen Körpers dar. Er hat drei Grundfunktionen:

24

1. Energie-Aufnahme
2. Energie-Umsetzung
3. Energie-Übertragung

Dieser feinstoffliche Körper ist in Kontakt mit der physischen Welt der Materie und mit den menschlichen Sinnen, er ist aber auch ein Kanal für Zustände von Bewußtseinserweiterung. Darin dürfte wohl seine wichtigste Funktion in der Zukunft liegen.

Der Ätherkörper reflektiert gleichzeitig den Zustand des Mental-, Astral- und des physischen Körpers. Tritt irgendwo ein Ungleichgewicht auf, so spiegelt es sich im Ätherkörper wider. Funktionsstörungen auf den höheren Ebenen kündigen sich auf der ätherischen Ebene an, bevor sie sich als physische Fehlfunktion manifestieren.

Wenn wir uns nun daran erinnern, daß der Mensch ein Mikrokosmos ist, können wir schlußfolgern, daß es Äther in jeder Form innerhalb unseres Sonnensystems und darüber hinaus gibt. Er stellt ein gigantisches Netzwerk von untereinander verbundenen und sich durchdringenden Netzen dar, das uns mit allem verbindet: das All. Unser menschlicher Geist ist noch nicht in der Lage, die Tragweite einer solchen Schlußfolgerung voll zu begreifen. Aber wir sollten versuchen zu verstehen, wie jede Handlung irgendwo in diesem Netzwerk andere Bereiche beeinflussen kann. Der Ätherkörper ist in ständigem Austausch mit Kräften innerhalb und außerhalb seiner Sphäre begriffen. Jede Handlung hinterläßt eine Spur.

Das universale Gesetz von Ursache und Wirkung oder Aktion und Reaktion gilt für das ätherische Netz ebenso wie für die ganze Schöpfung. Das heißt, alles, was auf einen Teil des ätherischen Netzes einwirkt, wird von anderen Teilen in irgendeiner Weise widergespiegelt. Außerdem kann sich alles auf verschiedene Stufen der spirituellen, mentalen, astralen und physischen Ebenen auswirken. Jede Aktion ruft unausweichlich eine Reaktion hervor, auch wenn wir diese oft nicht unmittelbar erkennen. Wir können den Ätherkörper als eine Art Datenbank oder Registriergerät ansehen, auf das die Aufmerksamkeit des Heilers oder der Heilerin zu richten ist.

3

Die Energiezentren:
CHAKRAS UND ENDOKRINE DRÜSEN

Es gibt einen Ausspruch in den Upanishaden, der besagt, daß »Erleuchtung« nicht erlangt werden kann, ohne die Chakras zu erwecken und klar zu erkennen. In den Werken Baileys empfiehlt Dwan Khul, der Tibeter, das Studium des Ätherkörpers (und der Chakras) als nächsten Schritt in der medizinischen und wissenschaftlichen Forschung. Die Grundlagen des Chakrasystems müssen klar verstanden sein, wenn Heilung wirksam sein soll.

Chakras, ein Sanskritwort mit der Bedeutung »Räder«, sind Energiewirbel. Viele alte Schriften vergleichen sie mit der indischen Lotusblüte. Sie werden als Blüten mit einer variierenden Anzahl von Blütenblättern und in unterschiedlichen Stadien des Aufblühens dargestellt.

Es gibt sieben Hauptchakras, die entlang der ätherischen Wirbelsäule und im Bereich des Kopfes lokalisiert sind. Zusätzlich gibt es mindestens 21 untergeordnete und eine Vielzahl weiterer Zentren überall im Körper. Einige Chakras korrespondieren mit wichtigen Akupunkturpunkten. Chakras liegen dort, wo sich Kraftlinien im Ätherkörper kreuzen und Kraftzentren bilden. Je größer die Anzahl der sich schneidenden Linien, desto kraftvoller sind die Zentren.

Die Chakras leiten unzählige Energien aus verschiedenen uns umgebenden Quellen, einschließlich kosmischer, durch den Körper. Der Radionik-Experte und Esoteriker David V. Tansley beschreibt die Chakra-Funktion so:

»Durch das Zusammenspiel von verschiedenen Energien werden unsere endokrinen Drüsen und das Nervensystem aufgebaut und unterhalten und unsere Organsysteme für ihre Tätigkeit stimuliert.«

Grundsätzlich sind die Chakras für drei Dinge verantwortlich: Sie vitalisieren den physischen Körper, einschließlich der Funktionen der endokrinen Drüsen und des Blutkreislaufs. Sie bewirken die Entwicklung des Selbst-Bewußtseins. Sie übertragen spirituelle Energien, die einen Zustand spirituellen Bewußtseins herbeiführen. Indem sie den physischen Körper vitalisieren, stellen die Chakras die Brennpunkte für die Heilung und Harmonisierung der Energien dar. Sie sind wie starke elektrische Batterien und Umwandler sämtlicher Energien, ganz gleich, ob von innerhalb oder von außerhalb des Körpers. Tatsächlich sind sie energieausstrahlende Verteiler mit jeweils individueller Struktur.

Wenn man das Erscheinungsbild der Hauptchakras beschreiben möchte, könnte man sie als verschiedene Wirbel ineinanderfließender, konzentrischer Energien bezeichnen. Ihre Farben verändern und vermischen sich entsprechend dem Zustand des betreffenden energetischen Systems. Ihre Funktionen und Aktivitäten variieren ebenso, aber auch das ist abhängig vom Entwicklungsstand des betreffenden Menschen. Die höheren Zentren über dem Zwerchfell öffnen sich und werden aktiv in dem Maße, wie sich der Mensch auf dem Wege seiner spirituellen Verwirklichung weiterentwickelt. Somit spiegeln die Chakras auch den Stand des Bewußtseins wider. Bei den meisten Menschen scheinen heute noch immer die Zentren des animalischen Menschen unterhalb der trennenden Zwerchfellebene die aktiveren Chakras zu sein.

All diese Kraftwirbel sind hochspezialisiert. Sie differieren nicht nur in ihrer Funktion, sondern können sich auch von Individuum zu Individuum sehr unterscheiden, je nach spiritueller Entwicklung und weltlicher Verstrickung einer Person.

Wir wissen, daß jede Energie alle anderen Energien beeinflußt. Das gilt besonders für die Chakras und den gesamten Ätherkörper. Ihre Wirbeltätigkeit kann z. B. von gerichteter Gedankenenergie beeinflußt werden. Ihre Schwingungen variieren entsprechend ihrer spezifischen Aufgabe und ihrer Verbindung mit dem physischen Körper. So haben die Chakras oberhalb des Zwerchfells eine feinere Schwingung als die darunterliegenden.

Chakras und ihr harmonisches Funktionieren bestimmen die physische, emotionale und mentale Erscheinung des Menschen und sind der Schlüssel zum Wohlbefinden. Aus verschiedensten Gründen können Chakraenergien blockiert, über- oder unteraktiv, mangelhaft, fehlgeleitet oder außer Kontrolle sein. Wir wissen inzwischen, daß die Spur der meisten Krankheiten zu Chakras führt, die nicht ausgeglichen sind. Ein Heiler sollte daher grundsätzlich das Chakra betrachten, das der betreffenden Funktionsstörung am nächsten gelegen ist.

Ein Blick auf die Hauptchakras läßt uns die Verbindungen in diesem lebenswichtigen Bereich besser erkennen. Die Übersicht in Abb. 2 zeigt die Anordnung der Chakras beim Menschen. Die Chakrakarte in Abb. 3 weist auf spezifische Bezüge hin.

Es ist wichtig, außer den sieben Hauptchakras noch zwei Nebenchakras näher zu betrachten: das Milz- und das Alta Major-Chakra. Das Milzchakra, das außerhalb der Körpermitte nahe der Milz liegt, hat die Funktion, den Ätherkörper und die anderen Chakras zu vitalisieren. Es liefert Prana oder Lebensenergie an alle Zentren. Sonnenprana und Erdprana werden durch das Milzchakra geleitet. Dieses Chakra reguliert auch deren Aufnahme, damit der Körper nicht von Energie überwältigt wird. Was nicht genutzt wird, geht durch dasselbe Chakra wieder zurück in das Ätherfeld des Universums. Spezielle Yogaübungen, genannt Pranayamas, beinhalten Atemtechniken, um den Körper mit Hilfe pranischer Energie zu reinigen und zu beleben.

In Wirklichkeit gibt es drei Kraftzentren, die Prana aufnehmen und weiterleiten: das Milz-Chakra, ein Chakra direkt unterhalb des Zwerchfells und eines oberhalb des Herzens zwischen den Schulterblättern. Sie formen das sogenannte »Prana-Dreieck«. Prana tritt in die menschliche Form durch Neben-Zentren ein und wandert zum Milzzentrum, wo es zu zirkulieren beginnt. Man hat herausgefunden, daß Rückenprobleme die Zirkulation von Prana beeinträchtigen können. Der siebte Halswirbel und der zweite Rückenwirbel stehen dazu in Bezug.

ENERGIEZENTREN/CHAKRAS

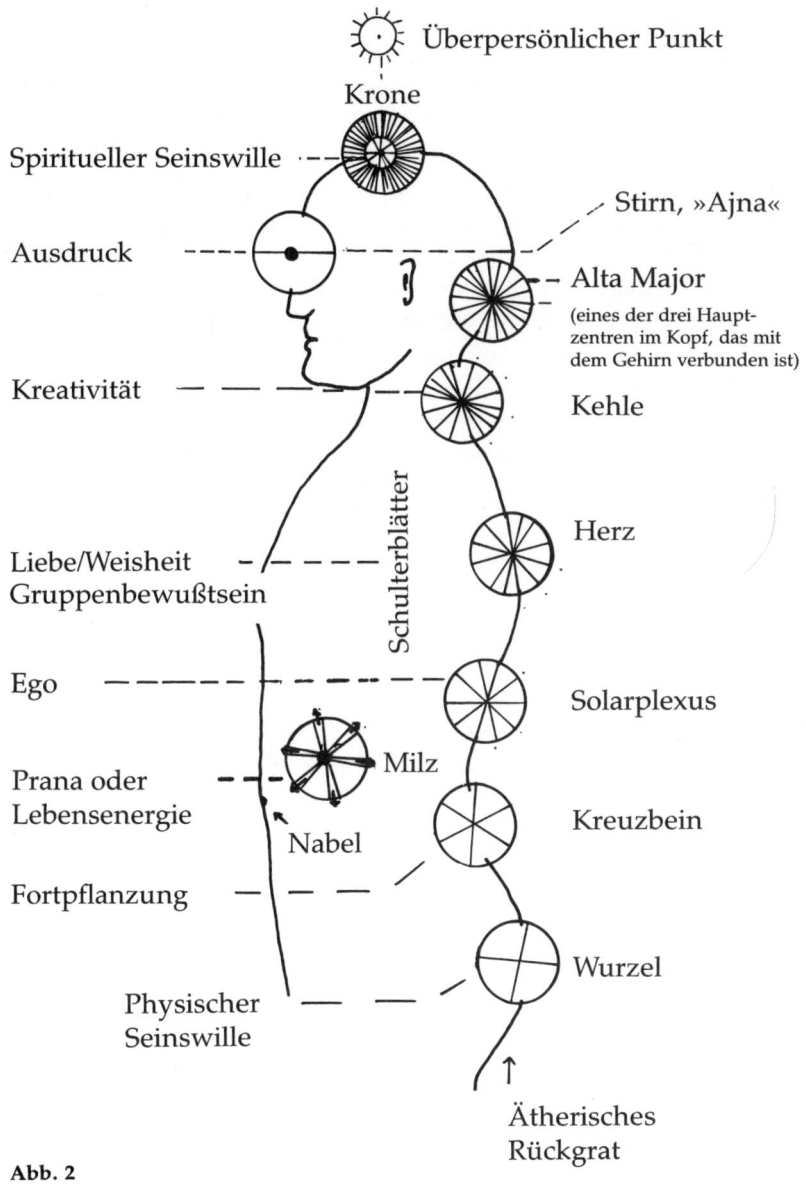

Überpersönlicher Punkt

Krone

Spiritueller Seinswille

Stirn, »Ajna«

Ausdruck

Alta Major

(eines der drei Haupt-
zentren im Kopf, das mit
dem Gehirn verbunden ist)

Kreativität

Kehle

Schulterblätter

Herz

Liebe/Weisheit
Gruppenbewußtsein

Ego

Solarplexus

Milz

Prana oder
Lebensenergie

Kreuzbein

Nabel

Fortpflanzung

Wurzel

Physischer
Seinswille

Ätherisches
Rückgrat

Abb. 2

29

Auch das Alta Major-Chakra ist wichtig, obwohl es nicht unter den Hauptzentren aufgeführt ist. Es sitzt an der Basis des Hinterkopfs und beeinflußt die Wirbelsäule. Es wird mit der Carotisdrüse assoziiert und besitzt eine Verbindung zur Hirnanhangdrüse, zum Wurzelchakra und zu den Herzzentren. Das Alta Major-Chakra scheint eine Rolle zu spielen für den Blutdruck, für die Regulierung der Gewebeflüssigkeiten sowie für den Druck und die Versorgung in der Hauptarterie, die vom Herzen zum Kopf führt. Einige Quellen, vor allem Bailey, plazieren das Alta Major-Zentrum als ein wichtiges Kopfzentrum neben das Stirn- oder Ajna-Chakra. Diese beiden teilen sich also den Platz des sechsten Hauptchakras.

Das Gehirn wird weitgehend beeinflußt durch drei Hauptdrüsen, die Zirbeldrüse, die Hirnanhangdrüse und die Carotisdrüse. Alice Bailey schreibt über diese ein Dreieck bildenden Drüsen: »Sie sind im primitiven Mensch nicht verbunden, gelegentlich verbunden im durchschnittlichen Menschen und eng verbunden im spirituellen Menschen. Die Seele oder der in sich ruhende spirituelle Mensch kontrolliert sein physisches Vehikel durch diese drei Energiezentren, die objektiv mit den drei genannten Drüsen zusammenhängen. Die entsprechenden Energiezentren sind das Kronen-, Stirn- und Alta Major-Chakra.«

Die sieben Hauptzentren haben als Entsprechungen im physischen Körper die endokrinen oder innersekretorischen Drüsen. Um diese Beziehung zu klären, folgt eine kurze Beschreibung der Hauptdrüsen (vgl. auch die Übersicht »Chakra-Beziehungen« S. 34/35).

ENDOKRINE ODER INNERSEKRETORISCHE DRÜSEN

Die endokrinen Drüsen zählen zu den Hauptkontrollfaktoren des physischen Körpers. Wie bereits erwähnt, stellen sie eine physische Ausprägung der Chakras dar und haben als solche eine direkte Verbindung zum Ätherkörper. Es gibt keine Krankheit im Körper, wenn sich diese Drüsen im Zustand des Gleichgewichts befinden. Tatsächlich sind sowohl die endokrinen Drüsen wie das Blut spezielle Manifestationen des Ätherkörpers mit entsprechenden Funktionen für den physischen Körper und den inneren Organismus.

Die Erforschung der individuellen Biochemie hat eine außerordentliche Variationsbreite sowohl bei den endokrinen Drüsen als auch bei anderen Organen auf der physischen Ebene gezeigt. Jede Drüse ist in ihrer Physiologie und mikroskopischen Anatomie unverwechselbar. Dies mag tatsächlich mit dem Zustand der zugehörigen Chakras zusammenhängen, die sich alle durch ein bestimmtes endokrines Muster auszeichnen. Schließlich haben wir noch keine Energieform gesehen, die eine exakte Kopie einer anderen darstellen würde.

Es heißt, Zirbeldrüse und Hirnanhangdrüse, die beide zusammen mit der Carotisdrüse ein Dreieck bilden, repräsentieren die Spiritualität der Person. Die Zentren unterhalb der Thymusdrüse repräsentieren das niedere Selbst oder die niedere Persönlichkeit. Die Thymusdrüse ist das Verbindungsglied oder die Brücke zwischen den beiden Ebenen menschlicher Seinserfüllung. Man ordnet der Zirbeldrüse eine positive und der Hirnanhangdrüse eine negative Polarität zu. Alle innersekretorischen und endokrinen Drüsen werden gleichsam als »Herrscher über unser Schicksal« betrachtet.

Die Zirbeldrüse (Epiphyse)

Diese Drüse wird mit dem Kronenchakra in Verbindung gebracht. Sie gleicht in ihrer Form einem Tannenzapfen und ist dem Dach der dritten Gehirnkammer bzw. des Gehirnlappens angegliedert. Sie belegt eine winzige Höhle hinter und über der Hirnanhangdrüse. Sie steuert die Sekretion aller Drüsen und gilt als allgemeiner Regulator. Ihr Melatonin-Sekret scheint einen regulierenden Einfluß auf die menschliche innere Uhr zu haben. Zu ihren weiteren Funktionen gehören unter anderem die Verhinderung zu frühzeitiger sexueller Entwicklung, die Regulierung der Muskelspannkraft, Einfluß auf die Pigmentbildung der Haut und die normale Entwicklung des Gehirns.

Die Hirnanhangdrüse (Hypophyse)

Diese Drüse wird mit dem Stirn- oder Ajna-Chakra in Beziehung gebracht. Die winzige erbsenförmige Drüse befindet sich im Zentrum des Kopfes an der Basis des Gehirns. Sie ist bekannt als die »Meisterdrüse«, ein Regler für alle anderen Drüsen. Wenn alle anderen Drüsen einwandfrei arbeiten, ruht sie. Ist dies nicht der Fall, stimuliert und beeinflußt sie mit einem Hormon die Fehlfunktionen. Wenn eine Überfunktion der Hirnanhangdrüse festgestellt wird, sollten alle anderen Drüsen überprüft werden. Es gibt zwei Drüsenlappen, den vorderen und den hinteren, von denen man feststellte, daß sie unabhängig voneinander tätig sind. Zu den allgemeinen Aufgaben dieser Drüse gehören die Stimulierung der Thymusdrüse und der Nebennieren, die Beeinflussung der Energien des Zentralen Nervensystems, des Gehirns und des Nervenstrangs der Wirbelsäule. Sie stimuliert auch das Gewebewachstum, beeinflußt die Genitalien und steuert die Pubertät.

Die Schilddrüse

Die Schilddrüse ist mit dem Kehlchakra verbunden und eine der wichtigsten Drüsen im Körper. Sie kontrolliert das Körperwachstum, Oxidationsprozesse (Sauerstoffzufuhr und -verteilung) und die mentale Entwicklung und ist eng mit allen anderen sechs Drüsen verbunden. Das Schilddrüsen-Kehlkopf-Zentrum reagiert sehr stark auf Dunkelblau und Türkis.

Die Thymusdrüse

Diese Drüse ist mit dem Herzchakra verbunden und steuert das normale Knochenwachstum und den Muskel-Stoffwechsel bei Kindern. Sie beeinflußt insbesondere die Nebennierenrinde und, verbunden damit, die Reaktion auf Streß; ferner wirkt sie auf die Zirbeldrüse, die Schilddrüse und die Prostata ein. Die Thymusdrüse wird wegen ihrer Beziehung zum Herzchakra direkt mit dem »Lebensfaden« (der »Silberschnur«) in Verbindung gebracht. Sie scheint auch mit dem Immun- und

Autoimmunsystem in Verbindung zu stehen und das vegetative Nervensystem zu aktivieren.

DIE BAUCHSPEICHELDRÜSE (PANKREAS)

Die Bauchspeicheldrüse ist mit dem Solarplexus-Chakra verbunden und hat eine zweifache Aufgabe. Sie reguliert das Insulin im Körper und produziert Enzyme für den Verdauungsprozeß. Magen und Pankreas werden von einigen Fachleuten als körperliche Ausprägungen des Solarplexus betrachtet.

DIE MILZ

Dies ist die größte Drüse, obwohl sie von der modernen Medizin nicht als solche anerkannt wird. Die Milz stellt weiße Blutkörperchen her, bevorratet Eisen, beeinflußt das Nervensystem und hilft bei der Verdauung. Bei all diesen Tätigkeiten besteht die Hauptfunktion der Milz in ihrer engen Beziehung zum Prana.

DIE NEBENNIEREN

Die Nebennieren sind mit dem Wurzelchakra verbunden und mit dem »Kämpfe-oder-Fliehe-Syndrom« gekoppelt. Sie regen das Wachstum der Gehirnzellen und der Sexualzellen an und sind zuständig für geistige Konzentration und physisches Durchhaltevermögen. Das von ihnen ausgeschüttete Adrenalin wirkt als Herz-Tonikum und Stimulator und kräftigt den gesamten Organismus. Diese innersekretorischen Drüsen schütten ihre Sekrete direkt in das Blut aus. Als kristallisierte Formen des Vital- oder Ätherkörpers kontrollieren sie alle Funktionen des physischen Organismus.

Da es sich bei den Drüsen um die physische Manifestation der Chakras handelt, sollten sich Heiler einige Zeit mit diesem Stoff beschäftigen. Es sollte für den Heilkundigen offensichtlich sein, daß in der energetischen »Befehlskette« im feinstofflichen und physischen Netzwerk des Menschen der Schlüssel zu Krankheit und Wohlbefinden liegt.

CHAKRA-BEZIEHUNGEN

Abb. 3

Chakra	Form/Farben	Lage	Funktion	Endokrine Drüsen
Basis- oder Wurzelchakra/ »Muladhara«- Chakra	4blättriger Lotus*; Rot und Gold	Basis der Wirbelsäule zwischen Wurzel der Genitalien und Anus	Lebenswille auf physischer Ebene. Verbindet mit der Erde. Gibt dem Leben Sinn. Beherbergt Kundalini-Energie. Belebt die Substanzen der physischen Zellen. Regelt Nieren, Rückgrat, Nerven, Haut, chromaffines Gewebe. Energie steigt auf zur Krone und verwandelt sich in höheres Bewußtsein.	Nebennieren
Kreuzbein- oder Sexualchakra, »Svadhisthana«- Chakra	6blättriger Lotus, Rot und Weiß	Kreuzbein-Mitte	Polaritäts-Chakra. Gewährleistet die Arterhaltung. Bezug zu Eierstöcken, Hoden, Gebärmutter, allen Fortpflanzungsorganen. Regelt sexuelle Instinkte. Energie verwandelt sich im Kehlchakra zu höherem Selbstausdruck und Gleichgewicht.	Keimdrüsen
Solarplexus, »Manipura«- Chakra	10blättriger Lotus; Schwarz, Dunkelblau, Grün, Gold, Rot und Grau	Wirbelsäule – unter den Schulterblättern	Sitz der Emotionen und des Egos. Mittler für die unteren Zentren. Fehlfunktion kann Ursache für Krebs sein; bei Überaktivität Verdauungsprobleme, Hautprobleme, Negativität, Disharmonie. Regelt Leber, Gallenblase, Pankreas, Verdauungstrakt, Sympathisches Nervensystem und Eingeweide. Energie verwandelt sich im Herz-Chakra, dem Zentrum des sozialen Bewußtseins.	Bauchspeicheldrüse
Herz, »Anahata«-Chakra	12blättriger Lotus; Dunkelrot, Weiß, Dunkelblau und Gelb	Schulterblätter – in der Wirbelsäule hinter dem Herzen.	Überreizung kann zu Herzproblemen führen. Egoismus kann zu Geschwüren führen. Leitet bei Streß Hilfe durch die Nebennierenrinde ein. Drückt Liebe/Weisheit aus. Christus- und Buddha-ähnliche Qualitäten. Zentrum des sozialen Bewußtseins auf den höchsten Ebenen. Sitz des »Lebensfadens« – verbindet mit kreativen Kräften der höchsten und niedrigsten Stufen. Regelt Herz, Blut und Kreislauf, Nervus Vagus, Immunsystem.	Thymusdrüse

Chakra	Lotus	Lage	Funktion	Drüse
Kehle, »Visuddha«-Chakra	16blättriger Lotus; Weiß, Gelb, Rot bis Rauch	Kehlwurzel	Höhere Intelligenz. Chakra des Willens. Ausgleich der Kräfte zwischen Gehirn und Fortpflanzung. Die Welt der Gedanken. Regelt Stimme, Bronchien, Lungen, Verdauungstrakt, Kehle, Atemwege.	Schilddrüse und Nebenschilddrüse
Stirn/Augenbrauen, »Ajna«-Chakra	2blättriger Lotus; intensives Weiß	Zwischen den Augenbrauen, in deren Zentrum	Überaktivität kann Fehlfunktionen anderer Drüsen anzeigen. Zentrum der integrierten Persönlichkeit. Drittes Auge – höheres, mentales Hellsehen. Symbol der Welt des lebendigen Geistes. »Sitz des Geistes«. Regelt Augen, Ohren, Nase, Zähne, unteren Gehirnstamm.	Hypophyse
Krone, »Sahasrara«-Chakra	1000 Blätter; leitet durch Wachstum zum Ursprung; Weiß, Rot, Gelb, Schwarz und Grün.	Scheitel	Spiritueller Seinswille. Allsehendes Auge der Seele, wenn erweckt bzw. erwacht. Enthält Muster aller Energie-Zentren. Sitz der Seele, Welt des göttlichen Geistes. Harmonisiert Willen und Gottesliebe. Enthält »Kopien« aller Chakras, damit der hochentwickelte Wille durch die Krone wirken kann. Regelt Gehirn, Zentrales Nervensystem.	Epiphyse
Milz		Obere linke Seite des Unterleibs.	Zentrum für Empfang und Regulierung von Prana. Vitalisiert den physischen Körper über den Blutkreislauf. Stellt weiße Blutkörperchen her. Lagert Eisen.	Milz
Alta Major		Oberes Ende der Wirbelsäule an der Basis des Hinterhauptknochens.	Kommunikationszentrum für Epiphyse, Hypophyse und Vitalenergie der Wirbelsäule (Kundalini). Reguliert Rückgrat, Carotisdrüse, Gewebeflüssigkeiten, Blutdruck.	Epiphyse, Hypophyse Carotisdrüse (Energie-Dreieck der Kopfzentren).

* Man sagt, daß die mit den Chakras assoziierte Anzahl der Lotusblätter den Nadis um das jeweilige Chakra entspricht. Die Anordnung der Nadis ergibt angeblich ein Muster, das einer Lotusblüte ähnelt.

4

Radiästhesie:

EIN AUSSERGEWÖHNLICHES WERKZEUG

Die Radiästhesie, die Kunst der Wissenschaft des Pendelns und »Mutens«, trägt einen Namen, der von französischen Priestern geprägt wurde. Es ist eine sehr alte Technik, genauer gesagt über 5000 Jahre alt, mit einer faszinierenden Geschichte für jeden, der sich für ihre Ursprünge interessiert.

Die alten Chinesen benutzten radiästhetische Techniken oder Rutengehen, um zum Beispiel ihre Gebäude auf gesunden und erdbebensicheren Plätzen zu errichten. Die frühen Ägypter wendeten sie ebenfalls an, um die Geheimnisse ihrer Umgebung zu erforschen. Pendel und andere Schwingungsmeßgeräte wurden in den Grabstätten unter den Beigaben für die Toten gefunden.

In Europa, wo die Radiästhesie heutzutage eine weithin übliche und akzeptierte Praxis ist, entwickelten französische Priester ihre Anwendungsmöglichkeiten: vom Rutengehen nach Wasser und Mineralien bis zum Pendeln, um Krankheiten zu orten und geeignete Heilmittel zu verschreiben. Der berühmteste dieser Priester war Abbé Alexis Mermet, dessen Klassiker »Der Pendel als wissenschaftliches Instrument« 1935 in Colmar veröffentlicht wurde. Mermet galt überall in Europa, auch im Vatikan, als der »König der Rutengänger«. Seine mehr als vierzigjährige Arbeit gab der Radiästhesie eine solide, praktische Basis als neue Wissenschaft. Eine der beeindruckendsten Geschichten über Mermets Fähigkeiten handelt davon, daß er die genaue Zahl der Eisenbahnwaggons, die zu einer bestimmten Zeit eine Brücke über die Seine in Paris passierten, nennen konnte. Der Abbé war zur Zeit der Zählung in Genf! Abbé Mermet konnte sogar eine 9000 km entfernte Quelle genau orten und deren korrekte geologische Information liefern. Er benutzte das Pendel, um Verbrechen aufzuklären, Schätze zu suchen, vermißte Personen aufzufinden, Krankheiten zu diagnostizieren und entsprechende Heilmittel auszuwählen.

In der Hand eines geübten Heilkundigen, dessen Geist von allen störenden Gedanken frei ist, kann das Pendel die feinsten Schwingungen oder Strahlungen feststellen. Man kann es als Meßinstrument oder als Verlängerung des Höheren Selbst betrachten. Mit anderen Worten, die ungefähr sechzig Kilometer Nervensystem eines Menschen stimmen sich auf die feinen Schwingungen ein, von denen einige wohl bis heute von der Wissenschaft noch nicht identifiziert sind. Das Pendel kann eine sehr subtile Verlängerung unserer menschlichen »Antenne« sein.

Entfernung hat in der Radiästhesie keine Bedeutung. Zeit und Raum sind menschliche Konstruktionen. Wenn man an die Lichtgeschwindigkeit denkt und sich klarmacht, daß radiästhetische Strahlen wahrscheinlich den unsichtbaren Strahlen – etwa den ultravioletten –, die nicht durch Hindernisse aufgehalten werden, ziemlich ähnlich sind, fällt es leichter, den Sachverhalt zu verstehen. Ferndiagnosen, wie Abbé Mermets Wahrnehmung von Wasser in 9000 km Entfernung, sind als nahezu zeitgleiche Gedankenverbindung um die Erde in $\frac{1}{7}$ Sekunde erklärt worden, bei der eine Kraftlinie zwischen einer Person und einem Platz oder Gegenstand, an den gedacht wird, hergestellt wird.

Einer der Hauptschlüssel für den Gebrauch des Pendels ist die Erkenntnis, daß das Universum eins ist und alles darin eine einmalige Frequenz oder ein Schwingungsmuster hat, auf das wir uns durch unsere Verbindung mit dem Einen einstimmen können. Der Mensch kann mit einem komplexen Radiosender verglichen werden, der Wellen oder Strahlungen von jedem Organ, jedem Gewebe und jeder Struktureinheit aussendet. Das Pendel kann sie aufspüren und ihre Schwingungen anzeigen.

Es gibt zwei Erklärungsansätze für diesen Vorgang. Der erste sieht die Energie als Teil eines elektromagnetischen Bandes und den menschlichen Körper als eine Ansammlung elektrischer Kräfte. Der zweite betrachtet die Wirkungen, die ein

Radiästhesie-Instrument anzeigt, als metaphysischen Vorgang oder als ein Produkt des Geistes.

Es gibt viele, die Radiästhesie als eine Station auf halbem Wege zwischen den gewöhnlichen Sinnen und der außersinnlichen Wahrnehmung betrachten. Damit befinden wir uns im Reich des Übersinnlichen. Dieser »Übersinn« ähnelt vielleicht dem des primitiven Menschen; ein Sinn, der einen direkten Kontakt mit den ätherisch strukturierenden Kräften und, unter bestimmten Voraussetzungen, mit den höheren Reichen herstellt. In Wirklichkeit haben wir es hier mit dem besonderen Sinn des Schamanen zu tun. Wenn auf diese Weise mit Energien gearbeitet wird, können entstehende Krankheiten auf der feinstofflichen Ebene entdeckt werden, bevor sie sich im grobstofflichen physischen Körper manifestieren.

Es gibt zwei Dinge, an die wir uns bei jeglicher Art von Pendeln erinnern sollten. Erstens strahlt alle Materie eine jeweils eigene unverwechselbare Schwingung aus. Zweitens geben lebende Dinge aller Art elektromagnetische Wellenformen ab, die vom Allgemeinzustand des betreffenden Systems beeinflußt werden. Mit anderen Worten, bei Menschen oder Tieren ist die Intensität und Frequenz dieser Schwingungen vom psychischen oder physischen Zustand des Lebewesens beeinflußt. Jegliche Fehlfunktion oder Funktionsstörung wird widergespiegelt und ist daher dem Radiästhesisten zugänglich.

GRUNDREGELN FÜR DIE PRAXIS DER RADIÄSTHESIE

Bei der Arbeit mit Radiästhesie sind folgende Grundregeln zu beachten:

1. Benutzen Sie Ihren Verstand, um die Frage zu stellen und erlauben Sie dann Ihrer Intuition, die Antwort zu empfangen. Sie werden feststellen, daß die Antwort um so präziser sein kann, je mehr Sie über den Gegenstand wissen. Verwenden Sie klare Begriffe in Ihrer Fragestellung. Vermeiden Sie unklare oder doppeldeutige Formulierungen.

2. Machen Sie sich von allen nicht zur Frage gehörenden Gedanken frei und öffnen Sie sich dem Geist der Wahrheit. Bedenken Sie, welche Kraft in Gedanken steckt und bringen Sie die Dinge genau auf den Punkt, bevor Sie den Geist der Wahrheit um Hilfe bitten.

3. Bleiben Sie voll konzentriert.

4. Arbeiten Sie nicht mit vorgefaßten Meinungen oder Vorstellungen. Klären Sie sich gründlich. Schalten Sie alle widersprüchlichen oder persönlichen Gedanken ab, da das Pendel auf alles, was in Ihrem Geist vorgeht, reagiert.

5. Stellen Sie Ihre erste Antwort nicht in Frage. Wenn Sie eine Antwort endlos hinterfragen, um sich abzusichern, blockieren Sie den natürlichen Fluß Ihrer intuitiven Kräfte.

6. Was für eine andere Person gut ist, muß nicht auch für Sie gelten. Wenn jemand darauf besteht, spezielle Kleidung zu tragen, in einer bestimmten Richtung zu sitzen oder irgendeiner anderen Eigenart zu folgen, die diesem Frager hilft, die korrekte Antwort zu erhalten, ist das für ihn in Ordnung. Finden Sie Ihre **eigenen** Methoden. Solange Sie bei einer Methode bleiben, sind Sie auf dem richtigen Weg. Nutzen Sie, was Ihnen hilft.

7. Verpflichten Sie sich, Ihr Pendel nur auf redliche Weise für Ihre Arbeit zu nutzen und bleiben Sie dabei. Ich kann Ihnen nicht empfehlen, Ihr Pendel für Belanglosigkeiten zu benutzen, wie Wetterprognosen für das kommende Wochenende oder wohin Sie Essen gehen sollen.

POLARITÄT

Ein weiterer Schlüssel, um mittels Pendel die richtigen Antworten zu finden, liegt in der positiven und negativen Polarität. Alles besitzt Polarität. Im menschlichen Bereich spiegelt sich dieser Grundsatz zunächst einmal in den zwei Geschlechtern – männlich und weiblich – wider. Aber in Wirklichkeit sind wir alle zweigeschlechtlich. Jeder trägt einen kleineren oder größeren Anteil des anderen Geschlechts in sich. Wie bei den wechselnden magnetischen Strömen oder den Yin- und Yang-Kräften, gibt es einen Punkt, an dem die Polarität sich ins Gegenteil umkehrt; so bleiben die Energien ständig im Fluß. Weder das Männliche noch das Weibliche sind absolut.

Wie wir erfahren haben, besitzt jeder von uns ein eigenes, unverwechselbares Muster von Strahlungsenergie, das eine Kombination aller gewebebildenden Bausteine unserer Systeme darstellt. Ganz gleich, wie lange wir suchen, wir werden niemals einen identischen Doppelgänger finden.

Abgesehen von der Polarität, die eine Person als Ganzes besitzt, hat jedes Organ bis hinunter zur Zelle seine eigene Polarität. Grundsätzlich hat die Forschungsarbeit auf dem Gebiet des Magnetismus erbracht, daß die rechte Seite des Körpers positiv und die linke Seite negativ gepolt ist. Für die Radiästhesie ist die menschliche Grundpolarität am wichtigsten. Sie zeigt unser positives »Ja« und negatives »Nein« an, die vom Pendel reflektiert werden.

WIE SIE IHRE POLARITÄTSANZEIGE
FINDEN

Der einfache Weg, Ihre »Ja«- bzw. »Nein«-Anzeigen zu finden ist, besteht darin, eine gewöhnliche kleine Taschenlampenbatterie zu benutzen. Halten Sie das Pendel, das an einem Faden hängt, der ein gutes Schwingen erlaubt, zwischen Daumen und Zeigefinger der linken oder rechten Hand. Lassen Sie das Pendel über dem Pluspol (+) der Batterie baumeln. Sie können es sogar ein wenig in Bewegung bringen. Halten Sie Ihre Augen auf das Pendel gerichtet und fragen Sie eindeutig: »Wie sieht meine Positiv-Anzeige aus?« Wenn Sie eine Bewegung spüren, die von selbst kommt, notieren Sie die Bewegungsrichtung – sie ist Ihr Ja-Code. Nun wechseln Sie die Pole, folgen derselben Prozedur und finden Ihren Nein-Code. Wenn Sie eine Bewegung spüren, verlängern oder verkürzen Sie die Länge der Schnur oder Kette, bis Sie die Länge finden, welche die größte Bewegung bringt (»Justieren« des Pendels).

Zwischen den Polen erhalten Sie eine dritte Art von Bewegung – sie steht für »neutral«. Auch dieser Code ist wichtig, da er anzeigen kann, daß eine Frage noch weiter geklärt werden muß, bevor eine definitive Antwort erfolgen kann. Vielleicht sollten Sie Ihre Frage umformulieren oder weitere Vorinformationen einholen. Eine andere Möglichkeit ist, daß die gesuchte Information zum momentanen Zeitpunkt für Sie nicht zugänglich ist.

Die drei Grundbewegungen des Pendels sind: Rotation im Uhrzeigersinn, Rotation gegen den Uhrzeigersinn und Hin-und-her-Schwingen. Zusätzlich gibt es Variationen davon. Der wichtigste Punkt für den Pendler ist die gleichbleibende Bewertung einer bestimmten Bewegung. Wenn Ihr persönlicher Ja-Code zum Beispiel eine Rotation im Uhrzeigersinn ist, sollten Sie die Rechtsdrehung immer als Positivreaktion interpretieren. Nachdem Sie eine Bewegung bei der Benutzung über der Batterie erhalten haben, könnten Sie das Pendel über Ihrem rechten Knie, der positiven Seite Ihres Körpers, und über dem linken oder der negativen Seite ausprobieren. Zwischen den Knien werden Sie eine neutrale Bewegung oder Schwingung erhalten. Wenn Sie Probleme haben, überhaupt irgendeine Bewegung zu erhalten, versuchen Sie als erstes, das Pendel mit Ihren Händen anzuwärmen.

Der Gebrauch des Pendels

Ein Pendel ist ein sehr empfindsames Meßinstrument, das die feinsten Schwingungen anzeigen kann. Diese können sowohl von anorganischen als auch von organischen Materialien ausgehen. Wir könnten das Pendel mit einem Radio vergleichen, das unsichtbare Schwingungen in Musik übersetzt; im Fall des Pendels ist der menschliche Körper der Übersetzer. Es gibt zahlreiche praktische Anwendungsgebiete für Radiästhesie. Hier einige der gebräuchlichsten:

– Die Suche nach Wasser, Mineralien und geologischen Formationen ist eine der ältesten Aufgaben des Auspendelns.

Ein berühmter amerikanischer Pendler arbeitete z. B. mit Höhenlinienkarten, um Wasser zu finden, wo eine behördliche Suche bisher erfolglos war.

– Anwendungen im Hoch- und Tiefbau: Auspendeln von Bauplätzen nach chinesischem Vorbild, um geeignete Plätze zu finden, die frei von schädlichen Strahlen und unterirdischen Wasseradern sind; das Aufsuchen von Kabeln, Abwasserkanälen und Leitungsrohren.

– Das Lokalisieren von Ley-Linien (auch »Drachenlinien« genannt) und Kraftpunkten.

– Lagevermessungen in alten Ruinen und andere archäologische Anwendungen.

– Die human- und tiermedizinische Anwendung wie Diagnose und anschließende Auswahl von Heilmitteln (siehe Abbildung 4).

– Anwendung in Gartenbau und Landwirtschaft: Bodenuntersuchungen, Feststellung der Pflanzenpolarität für optimales Wachstum, Kontrolle von Lebensmitteln auf ihren Vitalitätsgehalt hin bzw. auf Rückstände von Spritzmitteln oder Strahlungsschäden.

– Die Auswahl homöopathischer Heilmittel und Potenzen, um die Testzeit der Mittel abzukürzen.

– Das Auffinden von vermißten Personen, Tieren, Eigentum.

– Eignungstests und Personalbeurteilung in Unternehmen und anderen Bereichen. Biometrische Tests.

– Feststellung feiner, gesundheitsschädlicher Strahlungen und anderer, zunehmend ernsthafter Gefährdungen in Wasser, Luft, Boden und Lebens- bzw. Arbeitsbereich.

Im medizinischen Bereich kann man durch Pendeln viele Beschwerden lokalisieren und deren Ursachen herausfinden. Das gilt auch für Krankheiten, über die unsere Medizin noch keine umfassenden Kenntnisse besitzt. Das Pendel hat sich auch bewährt in der Diagnose von Personen, die von Arzt zu

SITZ DER FUNKTIONSSTÖRUNG

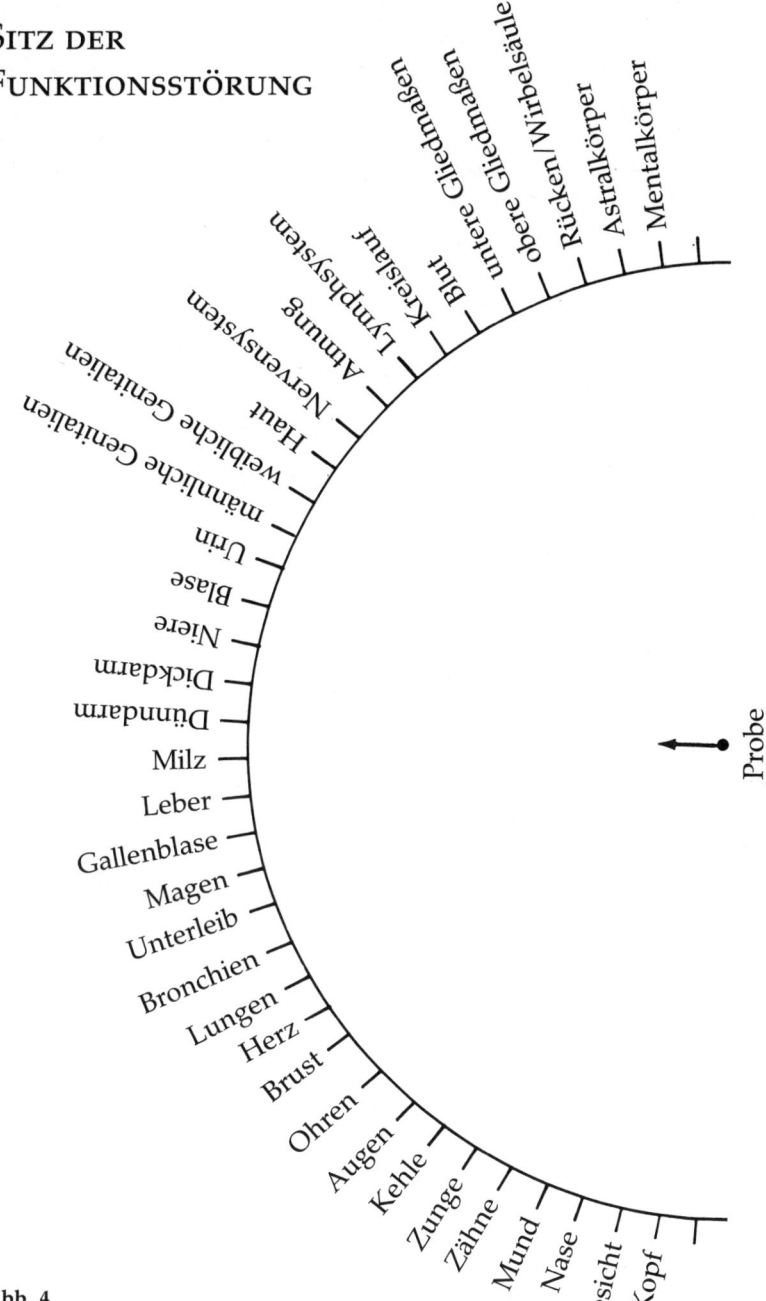

Mentalkörper
Astralkörper
Rücken/Wirbelsäule
obere Gliedmaßen
untere Gliedmaßen
Blut
Kreislauf
Lymphsystem
Ahnung
Nervensystem
Haut
weibliche Genitalien
männliche Genitalien
Urin
Blase
Niere
Dickdarm
Dünndarm
Milz
Leber
Gallenblase
Magen
Unterleib
Bronchien
Lungen
Herz
Brust
Ohren
Augen
Kehle
Zunge
Zähne
Mund
Nase
Gesicht
Kopf

Probe

Abb. 4

Arzt gehen, viele Mittel verschrieben bekommen, aber keine Hilfe erhalten, da die Ursachen ihrer Funktionsstörungen nicht richtig diagnostiziert wurden. Ein solcher Bereich ist die Belastung oder gar Vergiftung durch Quecksilber, Aluminium und andere metallische Gifte. Gesundheitsgefährdende Strahlungen und toxische Substanzen unterschiedlichster Herkunft – einschließlich vergrabenem Giftmüll, Trinkwasserverunreinigungen und Luftverschmutzung – sind andere Bereiche. Da die Behörden einerseits nicht in der Lage sind, die Ursachen rechtzeitig zu entdecken, und andererseits selten schnell und gezielt für eine Änderung der Mißstände sorgen, ist wohl die Zeit gekommen, selbst die Verantwortung für unsere Gesundheit und die unserer Familien zu übernehmen.

Die Radiästhesie stellt eine sinnvolle und hilfreiche Methode dar, wenn wir sie richtig handhaben. Z. B. kann durch Radiästhesie bei einer Aluminiumvergiftung sowohl eine genaue Diagnose gestellt als auch eine wirksame Heilbehandlung verschrieben werden.

IHR PENDEL

Bei Erwerb Ihres Pendels können Sie zwischen den verschiedensten Formen und Ausführungen wählen. Es gibt Pendel aus Kristall, Stahl, Holz und Plastik. Einige Modelle haben eine Aushöhlung für eine Probe (z. B. Haare). Spezialmodelle haben eine goldene Innenspirale oder Nadelspitzen zur größeren Genauigkeit bei der Verwendung von Tabellen. Es ist wahrscheinlich am besten, eines zu wählen, das entweder durchsichtig, farblos oder neutralfarben ist. Das Pendel muß im Gleichgewicht und an einer leichten, aber starken Schnur oder Kette befestigt sein.

Durch längeres Üben mit Pendeln werden Sie die Feinheiten einzelner Typen entdecken und sich von einem bestimmten Pendeltyp angezogen fühlen. Wie bei der Wahl eines Tennisschlägers werden Sie merken, daß **Fühlen** sehr viel mit der Wahl des richtigen Pendels zu tun hat. Nehmen Sie das Pendel, das sich **richtig** anfühlt, und benutzen Sie es häufig. Praxis ist wichtig, denn Pendeln heißt eine Brücke zwischen der Sinnes- und der übersinnlichen Welt zu schlagen. Der Unterschied zeigt sich in der Einfachheit und Glaubwürdigkeit der Aussagen unseres höheren Selbst, das sich durch das Pendel äußern kann.

PROBEN

Für viele der Aufgabenstellungen, die in diesem Buch beschrieben sind, brauchen wir ein Muster oder eine Probe. Dies gilt ganz besonders für den Einsatz der Radiästhesie und der Radionik. Wie schon gesagt, hat alles eine definierbare Schwingung. Außerdem können bestimmte Schwingungen mit anderen in Resonanz stehen, zusammenpassen oder sich unharmonisch verhalten. Die Radiästhesie kann das mit Hilfe von Proben genau testen.

Wenn Sie mit dem Pendel arbeiten, brauchen Sie eine Probe des zu testenden Gegenstands oder der Person. Das kann z. B. ein Foto sein, das als Probe die speziellen Schwingungen des Menschen enthält. Es gibt Berichte, wonach bestimmte Eingeborene fürchteten, ihre Seelen würden in der Kamera der Weißen festgehalten; sie weigerten sich daher, fotografiert zu werden. Damit kamen sie der Wahrheit schon sehr nahe, da ein Foto eine exakte Kopie des einmaligen Energiemusters einer Person und der AKA-Verbindung ist. (Unsichtbare AKA-Fäden bzw. Energieverbindungen verbinden Wesen auch auf größte Entfernungen miteinander.) Ein Radiästhesist kann sich darauf einstimmen und viel über einen Menschen oder ein Tier zum Zeitpunkt der Aufnahme des Fotos und in der Gegenwart erfahren. Daraus verläßlich die Zukunft lesen können allerdings nur sehr wenige Menschen. Es ist ein ethisches Gesetz, daß man Fotos oder andere Proben nicht ohne die Einwilligung der betroffenen Personen analysiert!

Als Proben können auch Speichel, Urin, Haare, Blut oder eine Original-Unterschrift dienen. Viele erfahrene Pendler machen die Erfahrung, daß sich Blut bei weitem am besten eignet. Blut ist der Träger des Lebensprinzips. Es durchfließt den ganzen Körper und trägt alle Energien aller Körpersysteme in sich. Von Interesse ist in diesem Zusammenhang, daß für **mindestens** 24 Stunden nach einer Bluttransfusion radiästhetische Untersuchungen ungenau, wenn nicht sogar unmöglich sind. Jedoch schwanken Zeiten und Resultate, wie bei allen individuellen Energiesystemen. Ein mir bekannter Arzt und Pendler erlebte einmal folgendes: Einer seiner Patienten hatte im Krankenhaus eine größere Operation; dabei wurde er von diesem Pendler von zu Hause aus radiästhetisch beobachtet; plötzlich stellte er über der Probe keine Reaktion mehr fest. Das blieb einen Tag lang so und verbesserte sich nur langsam. Es stellte sich heraus, daß der Patient eine Bluttransfusion erhalten hatte, die den charakteristischen Lebensenergie-Code seines Blutes verändert hatte. Es dauerte mehr als 24 Stunden, bis sich sein Blut wieder auf den alten Blut-Code umgestellt hatte.

Es ist interessant anzumerken, daß jede Zelle das unverwechselbare und einmalige Energiemuster des Individuums in sich trägt. Was geschieht, wenn Zellen aus einem anderen Energiesystem auf ein Energiesystem mit einem anderen Code übertragen werden? Wie lange dauert es, bis sich das Ursprungssystem energetisch wieder einpendelt? Was geschieht bei Organtransplantationen mit der Polaritätsbalance, oder bei Übertragungen zwischen unterschiedlichen Geschlechtern? Wenn wir solche Praktiken unter dem Energieaspekt betrachten, tauchen viele Fragen auf. Der Einsatz von Radiästhesie könnte vielleicht einige interessante Antworten darauf geben.

In Europa und großen Teilen der Welt gilt die Radiästhesie als eine Wissenschaft der Gegenwart und der Vergangenheit. Selbst wenn sie noch von vielen Anhängern der konventionellen Medizin und Wissenschaft abgelehnt wird, so ist doch zu erwarten, daß immer mehr Menschen des New Age sich diesem Zweig zuwenden werden.

»Ich bin zutiefst davon überzeugt, daß die Radiästhesie dazu bestimmt ist, einen sehr speziellen Beitrag zur Reintegration von materieller und spiritueller Wissenschaft und zur Wiederherstellung der Einheit von Vision und Perspektive, von Fühlen und Denken zu leisten, was die Aufgabe dieses Zeitalters ist.« (DR. AUBREY T. WESTLAKE)

5

Radionik:
DER GEIST ALS ENERGIEQUELLE

Die Radionik ist eine Heilmethode, die die herkömmlichen Maßstäbe wissenschaftlicher Erklärungen sprengt. Sie ist unbegrenzt, und ihre Anwendungsmöglichkeiten werden allein durch die praktischen Fähigkeiten und die Kreativität des Heilkundigen bestimmt. Die Radioniktherapie beruht auf universellen Gesetzen: Sie sieht in jeder Person eine einmalige Kombination von Energien. Jeder Mensch besteht aus Materie und feinstofflichen Bestandteilen, einer Kombination von Geist, Körper und Seele. Außerdem geht sie von der Universalität des Bewußtseins aus, d. h., daß wir Teil von allem sind. Der Erfolg im Umgang mit Radionik ist abhängig vom Geist des Heilkundigen. Die Radionik bildet eine Brücke zwischen physischen und nicht-physischen Bereichen, zwischen orthodoxer und spiritueller Medizin. Aus meiner Sicht kann die Radionik als eine Art Schamanismus betrachtet werden.

Viele Schamanen waren Seher und Mystiker. Die meisten hatten Verbindung zu Geistern und besaßen die Fähigkeit, unsichtbare Energien zu steuern. Sie waren in der Lage, mit anderen Dimensionen zu kommunizieren, in gewisser Weise waren sie »Spezialisten im Umgang mit dem Heiligen«.

Man kann die Radionikkundigen durchaus als eine Art von Schamanen betrachten, denn auch sie sind – wenn auch in unterschiedlichem Maße – Manipulatoren von Energien, was grundsätzlich eine schamanistische Kraft oder ein Geschenk darstellt, wie immer man das sieht. Die Manipulation geschieht zum Wohl des Patienten oder der Allgemeinheit, falls es sich um Anwendungen in Landwirtschaft und Tierzucht handelt. Und die Radionik kann auch in vielen anderen Bereichen, außerhalb der Heilkunde, wirksam sein, wie wir später noch sehen werden.

Der einzige und wichtigste Punkt der Radionik-Praxis ist der Gebrauch der Kraft des Geistes, über die wir durch göttliches Geburtsrecht verfügen. Jeder von uns besitzt diese Kraft, obwohl sie in den meisten Menschen verborgen und ungenutzt schlummert und ihnen nicht bekannt ist. Es ist diese Kraft des Geistes, die es dem Radioniker ermöglicht fernzuheilen. Voraussetzung für eine erfolgreiche Fernheilung und Behandlung ist, daß der Patient Kontakt mit dem Heiler bzw. Radioniker aufnimmt und um Hilfe bittet. Danach kann der Heiler durch Anwendung von Gedankenkraft jene Energieverbindung herstellen, durch die die Heilkräfte geleitet werden können.

Der Behandler (B) nimmt aber nicht direkt, sondern über einen gemeinsamen Verbindungspunkt (V) Energiekontakt zum Patienten (P) auf. Dieser Punkt (V) befindet sich auf einer geistigen Ebene.

Die Radionik ist eine Fernheilmethode, die durch das übersinnliche Wahrnehmungsvermögen des Heilers in Verbindung mit einem Instrument ermöglicht wird. Dabei kann zunächst die Ursache für eine Krankheit oder ein Unwohlsein festgestellt und aufgrund dieser Diagnose eine geeignete Heilenergie zu einem Menschen, einem Tier, einer Pflanze oder an den Erdboden gesendet werden.

Bevor wir uns weiter in die Methodik der Radionik vertiefen, werfen wir einen kurzen Blick auf das Krank-sein oder die Dis-harmonie. Nennen Sie es, wie Sie wollen, letztlich gibt es nur zwei Zustände: Krankheit oder Gesundheit und Wohlbefinden. Bei Krankheit ist der Zustand eines Organismus unausgeglichen. Wir wissen, daß alles Lebendige aus Licht und Schwingungen zusammengesetzt ist. Wenn etwas diesen harmonischen Schwingungsrhythmus stört, sind die Folgen irgendwo im Organismus zu spüren. Das erzeugt Disharmonie in irgendeiner Form, die wir »Krankheit« nennen. Die Navajos nennen es »Disharmonie« und genau das ist es!

Damit haben wir etwas entdeckt, was die Schamanen schon immer bei ihrer Behandlung der Kranken wußten: Die Kraft der Gedanken, die jedem einzelnen von uns innewohnt, spielt eine Schlüsselrolle, was Wohlbefinden oder Harmonie angeht. Die Arbeit mit Visualisation, wie sie zum Beispiel Phyllis Krystal beschreibt, beweist dies. Wir sind, was wir denken!

Ergänzend dazu noch eine Bemerkung von Sri Sathya Sai Baba: »Glaube nicht, daß Gesundheit durch Ärzte oder Medizin garantiert oder aufrechterhalten werden kann. Wenn das der Fall wäre, müßten alle Toten jetzt lebendig sein.«

Der Radioniker arbeitet hauptsächlich im Bereich des Ätherkörpers. Das liegt daran, daß jede Disharmonie auf der feinstofflichen, ätherischen Ebene entdeckt und behandelt werden kann, bevor sie sich auf der dichten, physikalischen Ebene manifestiert. Ein revolutionärer Gedanke, wenn man sich vorstellt, Menschen würden mit dieser Methode untersucht und bereits vor dem Auftreten körperlicher Leiden behandelt.

Die Radionik mit dem Geist als Energiequelle ist somit eine Analyse- und Behandlungsform durch Energie, die durch Gedanken erzeugt wird. Die Radionik benutzt Instrumente lediglich als Hilfsmittel, um Gedanken zu fokussieren. Die Wirkungsmöglichkeiten dieser Methode sind gewaltig. Wenn wir die Kräfte des Geistes nutzen, gibt es nur noch die Beschränkungen, die wir uns selbst auferlegen. Alle Instrumente können in der Hand eines begabten Heilers kreativ und wirksam genutzt werden.

Malcom Rae hat eine Serie von Behandlungskarten entwickelt, die das geometrische Muster der unterschiedlichsten Dinge widerspiegeln – von speziellen Bakterien bis zu emotionalen Zuständen wie z. B. »Liebe«. Diese Karten stellen eine Konzentrationshilfe dar. Ein Radioniker, der ein radionisches Gerät und die entsprechenden Karten und/oder Schwingungsfrequenzen benutzt, kann sich damit auf etwas ganz Spezifisches einstellen. Er kann nicht nur den zu fokussierenden Aspekt festlegen, sondern auch den jeweiligen Gedanken und dessen Energie mit Hilfe dieser Anordnung festhalten. Durch die Verwendung der entsprechenden Karte und/oder Schwingungsfrequenz, die man für die Dauer der Behandlung auf der Wählscheibe des Geräts einstellt, wird der zu messende Gedanke »definiert«. Das Gerät funktioniert als eine Art Qualitätskontrollmechanismus, der es erlaubt, sich auf einen einzigen spezifischen Gedanken einzustellen, dessen Energie zu »speichern« und beliebig abzurufen, ohne daß man sich erneut darauf einstellen muß. Außerdem braucht man den Gedankenfokus nicht über die ganze Dauer einer Behandlung aufrechtzuerhalten, sondern kann sich inzwischen anderen Bereichen zuwenden.

Die Frequenzen dienen dazu, eine Zahlenskala bereitzustellen, die ein Muster der speziellen Proportionen eines Gegenstandes darstellt. Diese geometrische Darstellung scheint besonders geeignet, sich auf die Kraft eines Gedankens einzustimmen.

Bei der radionischen Analyse mißt der Heilkundige mit dem Gerät die Summe der Abweichungen von einem räumlich vollkommenen zu einem unvollkommenen Zustand, falls ein solcher existiert. Dies geschieht wiederum anhand einer numerischen Skala. Die Analyseformulare in den Abbildungen 6 und 7 zeigen zwei verschiedene Systeme. Sie sind für den Einsatz von Radiästhesie oder Pendeln entwickelt. Ihre Ergebnisse führen zu einer genauen Lesung des Ätherkörpers. Beide Analyseformulare ermöglichen eine aussagefähige grafische Darstellung des Gesundheitszustands, die dem Heiler einen visuellen Überblick verschafft, bevor er sich einzelnen Faktoren zuwendet.

Der Radioniker kann nicht nur den Zustand des Ätherkörpers beurteilen, sondern auch die Zustände aller anderen Aspekte der Persönlichkeit – die physischen, ätherischen, astralen und mentalen – untersuchen. Um darüber hinaus – also auf rein spiritueller Ebene – zu behandeln, haben wir nach meiner Einschätzung (noch) nicht einen ausreichenden Bewußtseinsstand erreicht. Wir möchten es vielleicht in unserem typisch menschlichen Drang versuchen, aber unsere Zuverlässigkeit ist fraglich. Über der persönlichen Ebene haben wir es mit spirituellen Dimensionen zu tun, die in ihrer unendlichen

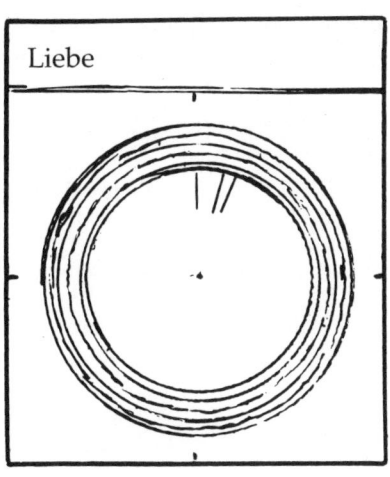

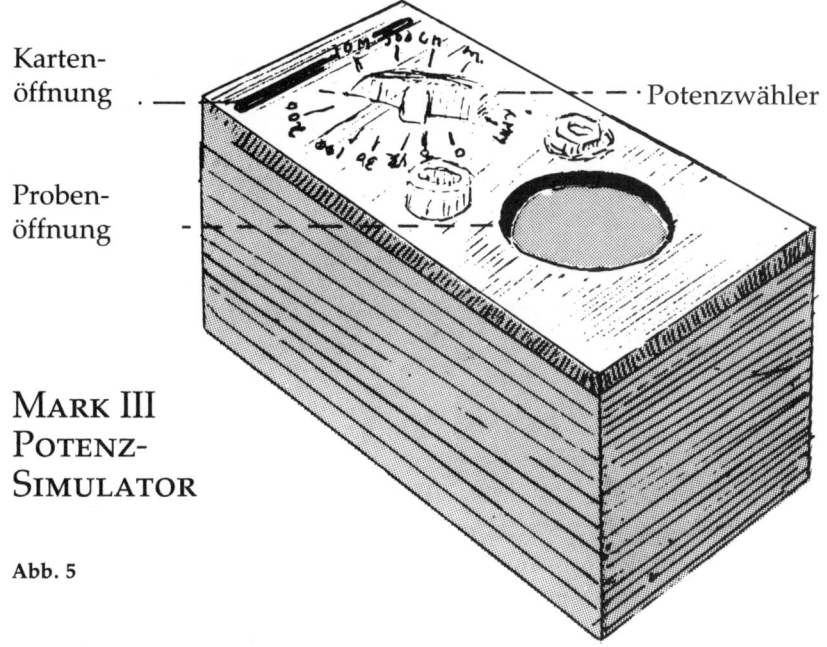

RAE-KARTE

Karten-
öffnung

Proben-
öffnung

Potenzwähler

MARK III
POTENZ-
SIMULATOR

Abb. 5

Weisheit und Gelassenheit wahrscheinlich vieles von dem tolerieren, was wir hier auf Erden tun.

AUSSTATTUNG FÜR DIE PRAKTISCHE ANALYSE

1. Heilmittel, Liste der Funktionsstörungen, radiästhetische Skalen.

2. Ein Pendel.

3. Schwarzes Papier oder Notizblock als Unterlage für Arbeitsmaterialien.

4. Probe des Patienten oder andere Materialien, die Sie testen möchten.

5. Einen offenen, klaren Geist.

6. Einen ruhigen, ungestörten Platz zum Arbeiten.

7. Einen kleinen Magneten oder ein Spezialgerät, um den Arbeitsplatz und die Proben zu neutralisieren.

DURCHFÜHRUNG

1. Machen Sie sich mit den vor Ihnen ausgebreiteten Materialien vertraut. Zentrieren und klären Sie sich sorgfältig.

2. Bedecken Sie Ihren unmittelbaren Arbeitsplatz mit Schwarz. Von Schwarz sagt man, daß es als Barriere gegen alle anderen Strahlungen, mit Ausnahme derer, mit denen Sie arbeiten, wirkt.

3. Plazieren Sie Ihre Probe auf der Arbeitsfläche oder auf einer Tabelle und fangen Sie an. Als Probe kann, wie in Kapitel 4 erläutert, ein Foto, Haare, Sputum, Blut oder eine eigenhändige Unterschrift dienen. Alle Proben sollten deutlich mit Namen und Datum in Bleistift gekennzeichnet sein. Man kann auch ein Wort als Probe verwenden. Schreiben Sie das Wort in diesem Fall in Blockschrift mit schwarzem Stift auf weißes Papier.

Name: _____ Alter: _____ Datum: _____

Adresse: _____ Tel.: _____

Symptome: _____

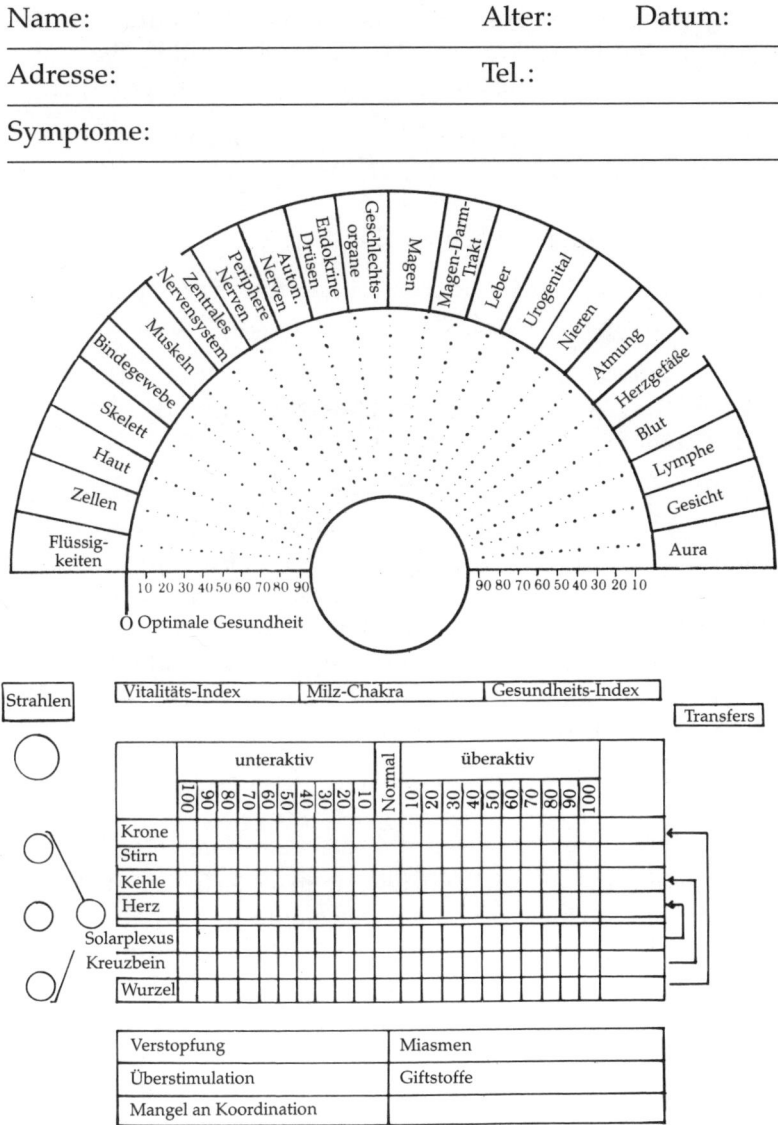

Ó Optimale Gesundheit

| Strahlen | Vitalitäts-Index | Milz-Chakra | Gesundheits-Index | Transfers |

	unteraktiv		Normal	überaktiv	
	100 90 80 70 60 50 40 30 20 10			10 20 30 40 50 60 70 80 90 100	
Krone					
Stirn					
Kehle					
Herz					
Solarplexus					
Kreuzbein					
Wurzel					

Verstopfung	Miasmen
Überstimulation	Giftstoffe
Mangel an Koordination	

Primäre Behandlung

(nach David Tansley)

Abb. 6

53

4. Beginnen Sie mit Ihrer Analyse. Stellen Sie klare und un-
missverständliche Fragen. Als Beispiel könnten Sie unter
Verwendung der Tabelle in Abbildung 7 wie folgt fragen:

Ist die Aura ausgeglichen? Falls nein, fragen Sie nach dem
Grad der Abweichung: 10? 20? 30? Halten Sie jede Antwort
schriftlich fest.
Gehen Sie zum nächsten Punkt über.

Sie könnten auch nach anderen feinstofflichen Zuständen fragen, indem Sie mit dem Mentalkörper beginnen:

Funktioniert der Mentalkörper optimal? Ist er unteraktiv?
Überaktiv? Was ist der Grad der Abweichung: 10? 20? usw.
Zeichnen Sie die Ergebnisse auf.

Seien Sie präzise bei Ihrer Untersuchung und halten Sie sich
an das Analyseformular; Ihr Radiästhesie-Instrument liefert
Ihnen die Antworten. Wenn Sie eine Probe benutzen, dient
Ihnen die Radiästhesie zur Fernanalyse. Für die Fern**behandlung** bedienen Sie sich der Radionik, obwohl es auch für die
Fern**analyse** Radionik-Instrumente gibt. Die Radionik setzt
überwiegend Geräte ein, während Sie in der Radiästhesie Ihren Körper als Instrument einsetzen.

ERGÄNZENDE HINWEISE

1. Sie sollten immer nach Beziehungen zwischen bestimmten
   Bereichen suchen, wie z. B. zwischen einer Chakra-Funktion und dem zugehörigen Organsystem, das auf der körperlichen Ebene Symptome anzeigen kann. Fragen Sie immer nach dem **grundlegenden** Zustand eines Chakras. Die
   Oberflächenenergien können stark schwanken, weil sie
   ständig mit den verschiedensten Kräften wie Stimmungen,
   Umweltenergien oder Mondphasen in Berührung sind.

2. Stellen Sie die Strahlen fest, die zum System dieser Person
   gehören, und berücksichtigen Sie die Wirkungen dieser
   Strahlen auf das System. (Siehe Kapitel 9: Die Sieben Kosmischen Strahlen.)

ANALYSE DER FEINSTOFFLICHEN ANATOMIE (NACH DER MAGNETO-GEOMETRIC-APPLICATIONS-METHODE)

Name	Adresse		Gebühren
Geburtsdatum	Symptome		Datum

Grad der Abweichung von Normalfunktion

System — Grad am schlechtesten Punkt: 0 10 20 30 40 50 60 70 80 90 100

- Aura
- Gesicht
- Zentralnerven
- Symp. Nerven
- Parasymp. Nerven
- Drüsen
- Atmung
- Herzgefäße
- Magen–Darm–Trakt
- Leber
- Urogenital
- Nebennieren
- Geschlechtsorgane
- Blut
- Lymphe
- Skelett
- Muskeln
- Gewebe
- Zellen
- Haut
- Flüssigkeiten
- Zähne
- Mandeln

Strahlen

- Kausaler Strahl ○
- Persönlichkeits-Strahl
  - Mental ○○○○
  - Astral ○○○○
- Persönlichkeits-Strahl ○
- Mental ○
- Astral ○
- Physisch-ätherisch ○

Grad der Abweichung von optimaler Funktion folgender Bereiche, verursacht durch Energien des Kausal-Körpers

Bereich — Unteraktivität | OPTIMUM | Überaktivität | Faktor
100 90 80 70 60 50 40 30 20 10 0 — 0 10 20 30 40 50 60 70 80 90 100

- Mental
- Astral
- Ätherisch
- Nadis — Fehlende Koordination
- Krone
- Stirn
- Kehle
- Herz
- Solarplexus
- Kreuzbein (Sex)
- Wurzel
- Milz
- Alta Major

Grade anderer Faktoren

- Miasmen-Typen
- Impfschäden
- Gifte
- Toxische Stoffe
- Selbstvergiftung

Bemerkungen

Abb. 7

3. Stellen Sie fest, ob Miasmen vorhanden sind. Miasmen sind eine Veranlagung zu chronischen Leiden, die der akuten Manifestation einer Krankheit zugrunde liegen können. Miasmen sind von Generation zu Generation übertragbar und können vorteilhaft auf eine entsprechende Nosode reagieren, die entweder aus pathologischem Gewebe oder geeigneter Medizin oder Impfstoff gewonnen wird. Nosoden sind homöopathisch potenzierte Heilmittel, die nach dem Prinzip »Gleiches heilt Gleiches« angewandt werden und nicht nach dem Prinzip der klassischen homöopathischen Medizin, »Ähnliches heilt Ähnliches«.

   Es gibt außerdem noch eine esoterische Erklärung für Miasmen. Wenn wir inkarnieren, nehmen wir etwas vom Erdäther auf, um unser eigenes ätherisches Gehäuse zu formen. Dieser Äther kann verunreinigt sein durch die ungezählten Kranken, die in der Erde begraben sind, mit Symptomen wie Tuberkulose, Krebs oder Syphilis. Diese Belastung verbleibt im Ätherkörper der Erde.

   Der Heiler sollte wissen, daß oftmals chronische Zustände, die nicht auf Behandlung reagieren, mit Miasmen in Verbindung stehen können. Deswegen ist es wichtig, dieser Spur nachzugehen. Das kann auch zu wertvollen Aufschlüssen für die Prognose führen.

4. Stau, Überreizung und Mangel an Koordination sind mögliche Zustände der Chakras, wenn sie nicht im Gleichgewicht sind.

5. Gifte und toxische Substanzen sind sehr wichtig und finden sich meistens in der Umwelt der Person. Hier muß natürlich die spezielle Substanz ermittelt werden, um geeignete neutralisierende Strahlungen zu finden. Prüfen Sie immer, ob Quecksilber-Amalgam-Füllungen neben anderen Metallen, etwa Aluminium oder Blei, vorkommen.

Einige zusätzliche Anwendungen

Bevor wir uns den Anwendungsmöglichkeiten der Radionik und Radiästhesie in der Landwirtschaft zuwenden, möchte ich einige Grundsätze erläutern. Es scheint nur zwei Wege zu geben, wie ein Patient beeinflußt werden kann, sich zu verändern. Von physischen Manipulationen oder chirurgischen Eingriffen ist hier natürlich nicht die Rede. Der erste Weg besteht darin, eine spezifische Energie bereitzustellen, die der Organismus für die Heilung einer Funktionsstörung braucht. Man zeigt dem Körper, wie er Anweisungen zu befolgen hat, z. B. bei Stimulation durch elektrische Energie zur Knochenbruchbehandlung oder bei elektromagnetischer Therapie. Der zweite Weg ist, dem Patienten spezifische oder verschlüsselte Anweisungen zu geben, die die Person daran erinnern, was zu tun ist, um eine Veränderung herbeizuführen.

Die Radionik, die feinstoffliche Kraftfeldschwingungswerte des Wohlbefindens und andere genau bestimmbare Bereiche oder Schlüssel benutzt, arbeitet mit verschlüsselten Anweisungen. Es handelt sich dabei um Schwingungswerte, die Zustände verändern und zu Harmonie oder Wohlbefinden führen. Dies kann, wie bereits erläutert, mit Hilfe von Rae-Karten oder auf einer Skala eingestellten Werten oder einer Kombination aus beiden bewirkt werden.

Pflanzen und Tiere reagieren auf Energie-Medizin genauso gut wie Menschen. Ich habe allerdings in meiner eigenen Forschung mit Tieren herausgefunden, daß die Verwendung eines Fotos als Probe am besten ist, da ich das Wesen, das ich analysiere, auch wirklich sehen kann. Das hilft mir, mich einzufühlen und bereitet mir Freude. Für gärtnerische Belange ist ein Foto notwendig, das den zu behandelnden Gartenteil genau abbilden muß.

Bei der Arbeit mit Pflanzen benutze ich gern ein Blatt als Probe. In einem speziellen Fall handelte es sich um einen Zierstrauch, dem es überhaupt nicht gut ging. Wir sandten radionisch ein gesundes Blatt zu ihm zurück, indem wir ein Zwei-Proben-Instrument benutzten, was zu einer größeren Vitalität der Pflanze führte. Zusätzlich können natürliche Pestizide gesendet werden. Es gibt noch vieles, was man in diesem Bereich ausprobieren kann.

Das Senden beruht auf dem Grundprinzip, daß mit der Veränderung eines einzigen Teiles eines Gegenstandes das GANZE verändert wird. Die Probe ist in diesem Sinne als ein Teil des Ganzen zu verstehen.

Wenn wir uns mit Pflanzen befassen, sollten wir bedenken, daß wir alle Eins sind. Menschen sind aus demselben Stoff gemacht wie Pflanzen, Tiere und Mineralien. Wir haben alle dieselbe Struktur: Elemente, die man in der Erdkruste und ihrer Atmosphäre findet. Wir besitzen vielleicht ein höheres Niveau an Aktivität, einen höheren Energieumsatz, und, soweit wir wissen, einen höheren Stand des Bewußtseins. Wissenschaftler haben eindeutig nachgewiesen, daß Pflanzen auf eine Vielzahl von Stimuli reagieren und sogar telepathische Kontakte auf große Entfernungen mit ihnen möglich sind. Auf diesem Gebiet zu arbeiten, stellt eine reizvolle Herausforderung dar mit viel Spielraum für die schöpferische Fantasie. Dasselbe gilt für die Arbeit mit Tieren. Es gibt keine Beschränkung für den kreativen Einsatz des Geistes, mit Ausnahme der uns selbst auferlegten.

Die Radionik entzieht sich auch heute noch jeder sogenannten wissenschaftlichen Erklärung, die die Medizinerverbände befriedigen würde. Ich meine, sie wird und sollte sich in einem ihr gemäßen Rhythmus entwickeln und dabei so gut wie möglich mit anderen Gesundheitsberufen zusammenarbeiten, ohne von ihnen abhängig zu werden. Der beste Zugang zur Radionik scheint mir in einer Synthese aus esoterischem Wissen und einer wissenschaftlichen Betrachtungsweise des menschlichen Systems zu liegen. Schließlich sind wir komplexe Wesen mit Bezügen, die über unser Begriffsvermögen hinausgehen. Die Radionik und die sie ergänzende Radiästhesie geben uns ein Mittel an die Hand, um diese anderen Dimensionen zu erreichen und uns die wertvollen Informationen, die wir von dort erhalten können, nutzbar zu machen.

6

BEDEUTUNG UND ANWENDUNG VON ENERGIESYMBOLEN

»Die Sprache der Symbole ist eine universelle Sprache,
welche die Quintessenz der Weisheit repräsentiert ...
Symbole drücken lebendige Realitäten im Menschen und
im Universum aus.«

OMRAAM MIKHAEL AIVANHOV

Ein geometrisches Muster oder eine geometrische Form machen ein Ding zu dem, was es ist! Wenn Sie sich umsehen, werden Sie mehrere Grundformen erkennen. Alle geometrischen Strukturen haben ihr Vorbild in der Natur; sie wirken als Verbindungsglieder zu Kräften, die sich natürlichen Formen anschließen. Das Muster oder die Struktur erzeugen Energie.

Betrachten Sie einen Ameisenhügel. Er hat meistens die Form eines Dreiecks, wobei sich in der Spitze ein winziger Eingang zu einem sich ausdehnenden Lebensraum für die Ameisenkolonie befindet. Ein Weizen- oder Grashalm hat eine vertikale Form, wie das Wort »Halm« aussagt. Wenn Sie einen Minzestengel durchschneiden, werden Sie feststellen, daß der Stengel selbst quadratisch ist.

Der Kreis dürfte die bedeutendste Form überhaupt sein. Bei den indianischen Kulturen Amerikas ist das Medizinrad rund, und darin liegt ein tiefer Sinn.

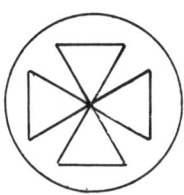

Für die Indianer bedeutete das Medizinrad ein allumfassendes Symbol, das alle Dinge der sichtbaren und der unsichtbaren

Welten enthält. Das Medizinrad ist das Symbol des Universums, ein Spiegel all dessen, was ist. Paracelsus sagte über den Kreis: »Alles, was der Mensch schafft oder tut, was er lehrt oder lernen will, muß seine richtige Proportion haben; es muß seiner eigenen Linie folgen und innerhalb seines Kreises bleiben, damit die Harmonie erhalten bleibt, damit kein schiefes Ding ensteht und nichts über den Kreis hinausgeht.«

Eine Grundregel, die man sich merken sollte, lautet:

Aus einem Zentrum nach außen strömendes Leben oder Geist ist Energie, während Energie, die einwärts in einen Wirbel oder in ein Zentrum strömt, zu Materie wird.

Die Chakras sind ein gutes Beispiel dafür. Die Materie ist strukturierte Energie. In diesem Sinne fühlte Rudolf Steiner, daß sich ätherisch-bildende Kräfte »aus dem umgebenden kosmischen Raum« zentripetal nach innen ergießen. Die Tatsache, daß ein von einem bestimmten Rahmen zusammengehaltenes Energiefeld sich verstärkt, ist bei der Arbeit mit Symbolen von größter Wichtigkeit.

Der Gebrauch von Symbolen ist so alt wie die Geschichte der Menschheit. Zum Beispiel zeigen alte Steinzeichen verschiedene Symbole und Formen, wie die umgekehrte Swastika oder Kreise und auch Figuren von Tieren und anderen deutlich erkennbaren Dingen, die zur damaligen Zeit von Bedeutung waren. Die Sänger oder Schamanen der Navajos benutzen Sandzeichnungen in ihren Heilzeremonien. Diese reichen von einfachen bis zu sehr komplizierten symbolischen Darstellungen, die den Sinn haben, den Patienten, der gewöhnlich auf der Zeichnung sitzt, in Harmonie und Gleichgewicht zu bringen.

Alice Bailey schreibt, daß Symbole äußerliche und sichtbare Zeichen »einer inneren, spirituellen Realität und von Archetypen sind, die den evolutionären Prozeß bestimmen«. Im Mittelalter benutzten sowohl Alchimisten wie Magier geometrische Formen. Einige wandten auch »heilige Namen« an oder »Mantras«, wie es die Hindus nennen, in denen sich Klang mit Form-Energien verbinden. Man hat festgestellt, daß Klang eine positive Polarität besitzt, während Form negativ polarisiert ist. Wenn diese beiden zusammenwirken, kommt ein Ausgleich zustande, und es wird vermutet, daß ihre Polaritäts-aspekte Farbe hervorrufen.

Eine interessante Übung in diesem Zusammenhang ist die Meditation auf das Symbol des Herzchakras, des vierten Cha-kras, zusammen mit dem Anstimmen seines Tones. Das Hindu-Mantra für das vierte Chakra ist »So-Ham«, was »Ich bin Er« oder »Er ist ich« bedeutet. Das »So« steht für »Er« oder Gott und wird beim Einatmen geformt. Das »Ham« steht für »Ich« oder Selbst und wird beim Ausatmen ausgedrückt. Au-ßerdem wird das »So« durch das linke Nasenloch eingeamtet, während das »Ham« durch das rechte Nasenloch ausgeatmet wird.

Die langgezogenen Atemzüge produzieren den vibrierenden Ton »Sooo-Hammmmm«. Dieses Mantra ist dafür bekannt, daß es den Geist und die Gefühle reinigt und beruhigt. Jeder Atemzug erinnert uns daran, daß wir ein Teil Gottes sind. »Er ist ich« – »Ich bin Er.«

Ein anderes Symbol-System, mit dem man interessante Ex-perimente in der Fernheilung mit Radionik-Geräten machen kann, sind Molekularstruktur-Symbole. Ein Beispiel ist Ger-manium Sesquioxid, dargestellt in Abbildung 8. Organisches Germanium reichert den Sauerstoffgehalt im Körper an. Es kommt in Pflanzen wie Ginseng, Knoblauch, Wasserkresse, Perlgraupe und Schwarzwurzel vor. Solche Symbole sind häu-fig auch sehr eindrucksvoll anzuschauen.

Bestimmte Energiekombinationen beeinflussen die feinstoff-lichen Bereiche des menschlichen Energiesystems. Sie können Veränderungen auf diesen Ebenen bewirken. Die Rae-Karten für Radionik-Geräte haben das bewiesen. Um einen Schritt

MOLEKULARSTRUKTUR VON GERMANIUM SESQUIOXID

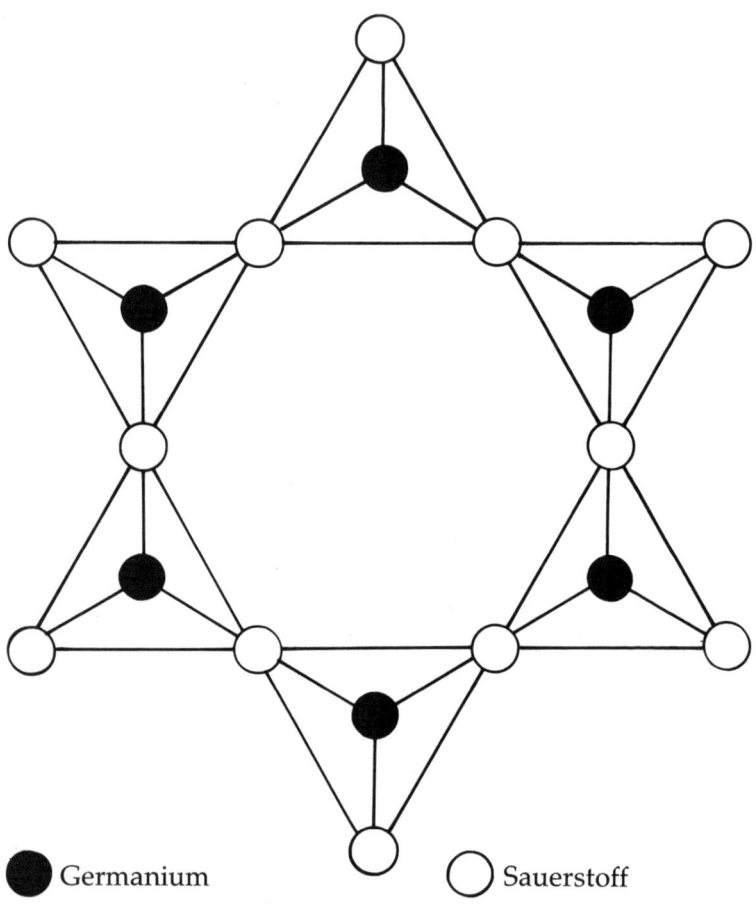

● Germanium   ○ Sauerstoff

Abb. 8

weiterzugehen, können wir Farbe und Muster oder Form kombinieren und damit verschiedene Reaktionen in den mentalen, astralen und physisch/ätherischen Körpern hervorrufen.

Vom Kreis wird gesagt, daß er auf den Astralkörper eingestimmt ist. Die Diamantform ist auf den Ätherkörper und das Dreieck auf den Mentalkörper eingestimmt. Auch diese Grundformen können übermittelt bzw. gesendet werden; dabei wird in ähnlicher Weise vorgegangen, wie im nächsten Kapitel beschrieben. Die Symbole können direkt auf eine problematische Stelle plaziert oder auf ein Foto bzw. eine anatomische Tafel mit einer Probe projiziert werden. Sie können auch visualisiert oder durch Farblampen übertragen werden, wobei Form und Farbe benutzt werden. Wie bereits erwähnt, entstehen die meisten menschlichen Funktionsstörungen auf der emotionalen oder astralen Ebene. Da das jedoch von Person zu Person verschieden sein kann, muß jeder Fall gewissenhaft kontrolliert werden, um die wahre Ursache und die entsprechende Körperstelle zu finden.

Durch den Gebrauch von Symbolen lassen sich Lösungen für viele Probleme des Lebens finden. Für die Radiästhesie und die mit ihr verbundene Radionik wissen wir bereits, daß Symbole höchst bedeutsam sind. Sie können als Fokus für bestimmte Kräfte – bekannte wie unbekannte – dienen, die gezielt zur Anwendung kommen sollen. Sie bewirken das Zusammenspiel der Energien zwischen Patient und Heiler.

Die absolut höchste Struktur stellt heute für uns die Doppelhelix, die DNS oder das Konstruktionsschema der Zellen dar. Erstaunlicherweise sieht die computergezeichnete Struktur der Doppelhelix wie ein Symbol aus, das seit vielen Jahren bei der Heilung verwendet wird.

Im folgenden finden Sie Basisdiagramme für die Radiästhesie. Vielleicht entwickeln Sie später eigene Varianten dazu.

DER STATISCHE DIAMANT

Dieses Symbol ist sehr vielseitig. Man unterscheidet drei Hauptanwendungsbereiche: Es dient zur energetischen Aufladung von Bach-Blüten-Essenzen und Zellsalzen, als Stabilisator in Verbindung mit dem Symbol des Keltischen Kreuzes (vgl. hierzu Westlake »The Pattern of Health«) und zur Farbtherapie. Das Symbol sollte seiner Länge nach an der Nord-Süd-Achse ausgerichtet werden, so daß das Zellsalz Calcium Sulfuricum (Calc. Sulph.) nach Norden zeigt. (Die Zell- oder Gewebesalze werden in Kapitel 8 besprochen.)

Nach meiner Erfahrung sind solche oder ähnliche Muster für die Fernbehandlung hervorragend geeignet. Sie wirken wie Generatoren, um ausgewählte Energien zu einer Probe und damit zu einem Menschen zu senden. Sie können »eingestellt« werden um über einen bestimmten Zeitraum zu wirken, genau wie andere Radionik-Geräte. Allerdings ist es wichtig, die Einstellung regelmäßig zu überprüfen, da sich Energien, wie wir wissen, verändern. Individuelle Reaktionen und Bedürfnisse müssen berücksichtigt werden.

Allen, die sich weitergehend mit dem Thema Heilen durch besondere geometrische Muster befassen möchten, sei das Buch von Dr. Westlake (siehe Literaturverzeichnis) empfohlen.

PENDEL-DIAGRAMME

In der Radiästhesie gibt es mehrere Grunddiagramme, die auf verschiedene Weisen benutzt werden können. Man kann darin Heilmittel eintragen, ebenso Früchte oder andere Lebensmittel. Es kann alles, was der Anwender testen will, in solche Schemata eingetragen werden. Reale Proben, wie z. B. Vitamine, können direkt auf das Diagramm gelegt werden.

1. Beim Pendelschema in Abbildung 10 (Speichenrad) wird die Probe des Patienten auf den Achsenpunkt (Mittelpunkt des Kreises), die auf Verträglichkeit zu testenden Mittel werden an den Speichenenden (äußerer Rand des Kreises) angeordnet. Das Pendel hält man über die Probe, es schwingt dann entlang der Speichen zu dem entsprechenden Mittel.

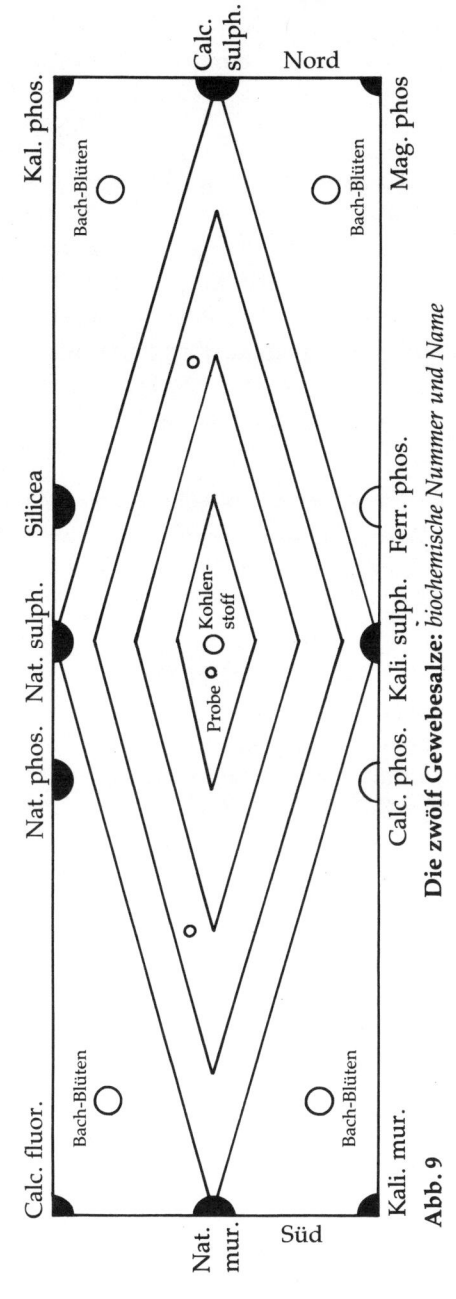

DER STATISCHE DIAMANT

Calc. fluor.   Nat. phos.   Nat. sulph.   Silicea   Kal. phos.

Bach-Blüten

Bach-Blüten

Calc.
sulph.

Nord

Probe   Kohlen-
stoff

Bach-Blüten

Bach-Blüten

Mag. phos

Nat.
mur.

Süd

Kali. mur.   Calc. phos.   Kali. sulph.   Ferr. phos.

Abb. 9

Die zwölf Gewebesalze: *biochemische Nummer und Name*

1. Calc. fluor. = Calcium fluoratum
2. Calc. phos. = Calcium phosphoricum
3. Calc. sulph. = Calcium sulfuricum
4. Ferr. phos. = Ferrum phosphoricum
5. Kal. mur.   = Kalium muriaticum (Kal. chloratum)
6. Kal. phos.   = Kalium phosphoricum
7. Kal. sulph. = Kalium sulfuricum
8. Mag. phos. = Magnesium phosphoricum
9. Nat. mur.   = Natrium muriaticum (Natrium chloratum)
10. Nat. phos. = Natrium phosphoricum
11. Nat. sulph. = Natrium sulfuricum
12. Silicea   = Silicea

Aus: Aubrey Westlake, **The Pattern Of Health**, London, 1973

65

2. Das V-förmige Diagramm in Abbildung 11 wird gern wegen seiner vielseitigen Verwendbarkeit benutzt. Es kann nur zwei Linien für »Ja« und »Nein« oder viele Linien haben, zum Beispiel mit Farbbezeichnungen am Ende. Die Probe wird auf die Spitze unten gelegt. Das Vorgehen mit dem Pendel ist wie unter 1. beschrieben. Vgl. hierzu auch Abbildung 4.

3. Das Hand-Diagramm in Abbildung 12 zeigt noch eine andere Möglichkeit. Reflexzonen-Schaubilder von Händen oder Füßen können genauso wie ein Diagramm benutzt werden. Programmieren Sie Ihr Pendel durch die präzise Formulierung Ihrer Fragen, z. B.: Ist dieser Bereich ausgeglichen? Halten Sie das Pendel exakt über den entsprechenden Bereich des Diagramms, während Sie fragen und die Antwort erhalten. Sie können ebenso eine Probe und einen Zeigestock benutzen.

Natürlich bleibt es Ihnen überlassen, sich eigene Pendelschemata auszudenken. Wenn Sie gute Ergebnisse damit erzielen, sind es die richtigen für Ihre Arbeit. Lassen Sie Ihrer Kreativität freien Lauf.

PENDELÜBUNGEN

1. Nehmen Sie zwei gleiche Münzen (10-Pfennig-Stück). Legen Sie sie nebeneinander. Pendeln Sie die Reaktion über beiden aus. Halten Sie das Pendel zwischen die Münzen und beobachten Sie, was es macht.
   Es sollte zwischen den zwei Münzen hin- und herschwingen. Das zeigt die Anwesenheit eines harmonischen Strahls und eine Resonanz an, die zwei oder mehr gleiche Dinge verbindet.

   a) Versuchen Sie es mit zwei ungleichen Münzen. Können Sie einen harmonischen Strahl feststellen? Dies sollte nicht der Fall sein!

   b) Lassen Sie von jemandem eine Bleistift-Linie zwischen den beiden gleichen Münzen ziehen, während das Pendel zwischen den Münzen schwingt und beobachten Sie, wie sich das Pendel verhält. Sie werden feststellen, daß diese Linie den harmonischen Strahl blockiert. Welche Schlüsse können Sie daraus über Realitätsdimensionen und Pendeln ziehen?

2. Übereinstimmungstest: Nehmen Sie zwei Fotos oder Proben und legen Sie sie nebeneinander. Falls ein harmonischer Strahl oder eine Übereinstimmung zwischen den beiden Personen oder Objekten da ist, wird das Pendel von einer Probe/Foto zur anderen schwingen. Falls nicht, wird es in dem Raum zwischen den beiden Proben oszillieren. Versuchen Sie, während dieser Übung die Energie im Bereich der Proben zu spüren.

3. Kartenübung: Wählen Sie drei schwarze (Kreuz-) und drei rote (Herz-) Spielkarten. Mischen Sie und legen Sie sie umgedreht in eine Reihe. Programmieren Sie mental Ihr Pendel, daß es über schwarzen Karten negativ und über roten Karten positiv ausschlägt. Nehmen Sie sich Zeit, schreiben Sie die Ergebnisse auf und wiederholen Sie die Übung.

4. Gedankenformenübung für Fortgeschrittene: Bilden Sie zwei Teams, A und B. Team A baut in Gedanken geometrische Formen auf einem Tisch auf. Die Auswahl der Formen sollte am Anfang begrenzt werden, bis Sie die Übung beherrschen.
Team B schickt einen Teilnehmer vor die Tür, während Team A seine Form auf dem Tisch in Gedanken entwirft. Die Testperson wird hereingebeten und pendelt die Form auf dem Tisch aus. Schreiben Sie einen Punkt für jeden Treffer auf. Wechseln Sie die Teams, die Formen entwerfen und pendeln.

Alle diese Übungen erweitern Ihre Praxis im Umgang mit dem Pendel. Sie machen Spaß und geben Ihnen ein Gefühl für Ihr Pendel. Stellen Sie klare und präzise Fragen. Nach einigem Üben werden Sie die Strahlungen durch das Pendel und die Finger spüren. Sie werden auch feststellen, daß die Wirkungsweise des Pendels nicht an physische Dimensionen gebunden ist, wie wir es gewohnt sind.

LISTEN

Zum erfolgreichen Pendeln gehören auch zahlreiche Listen. Diese können Zustände von Un-Wohlsein, Nahrungsmittelzusätzen, Farben und vieles mehr abdecken, was für die Analyse oder die Ermittlung von Antworten hilfreich sein könnte. Die Probe sollte ebenso wie die Liste auf ein schwarzes Blatt Papier gelegt werden. Der Anwender geht dann die Liste Begriff für Begriff durch, mit einem Zeigestab (ein hölzernes Stäbchen ist völlig ausreichend) in der Hand, die nicht das Pendel hält. Die Programmierung des Pendels könnte eine bestimmte Fragestellung verlangen. »Trifft dieser Zustand auf den Patienten zu?« Merke: Fragen müssen bestimmt und einfach sein und nach einer Ja- oder Nein-Antwort verlangen.

GRUNDFORM EINES PENDEL-DIAGRAMMS

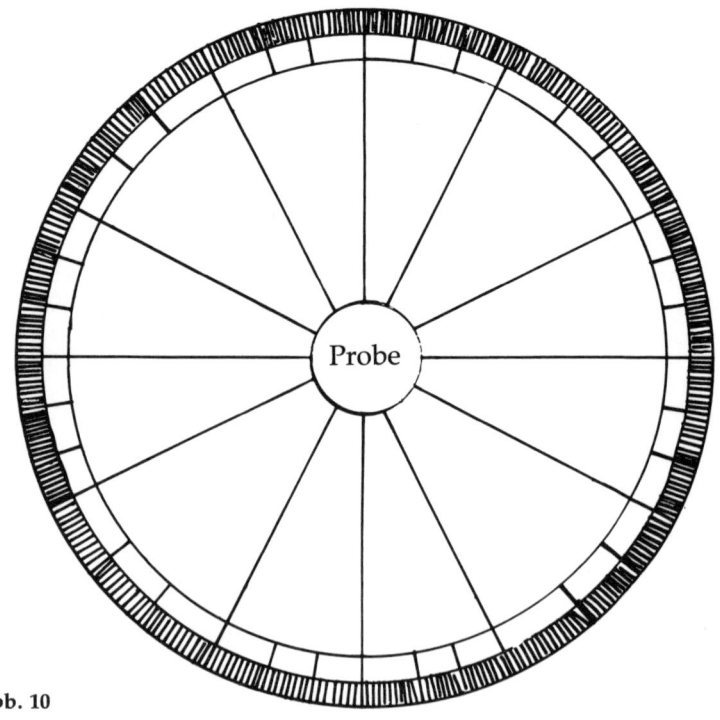

Probe

Abb. 10

V-förmige Variante Pendel-Diagramms

Rot   Orange   Gelb   Grün   Blau   Indigo   Violett

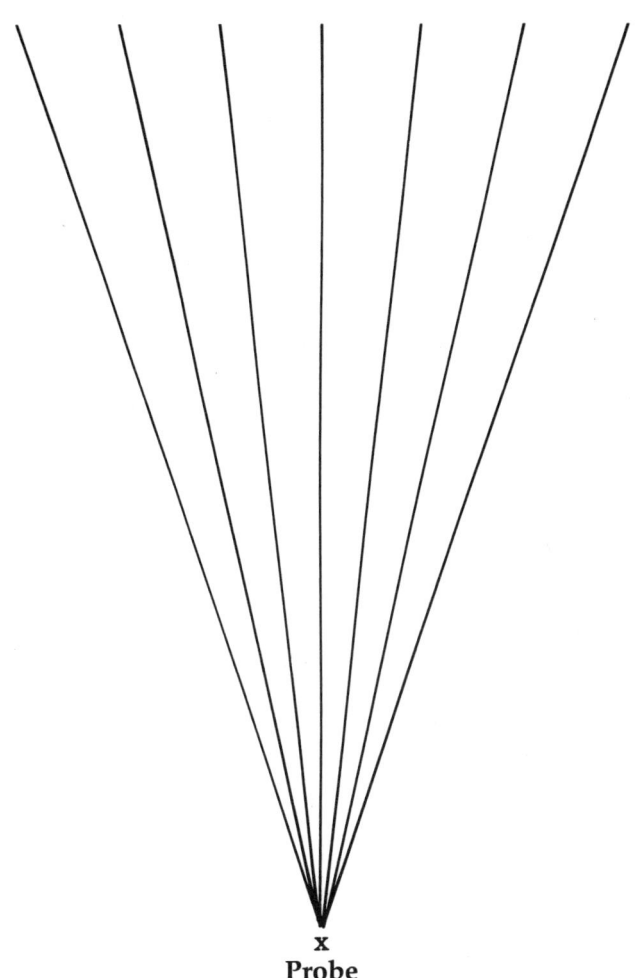

x
Probe

Abb. 11

HANDANALYSE UND ENERGIEPUNKTE

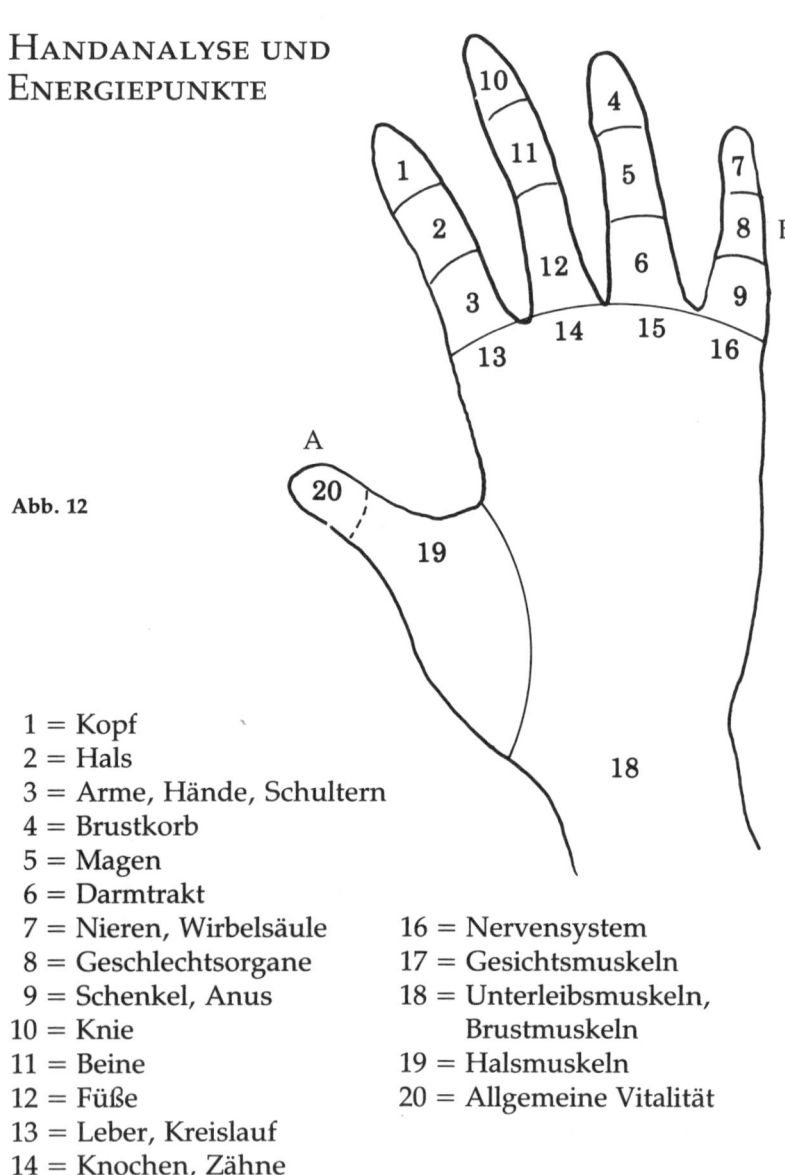

Abb. 12

1 = Kopf
2 = Hals
3 = Arme, Hände, Schultern
4 = Brustkorb
5 = Magen
6 = Darmtrakt
7 = Nieren, Wirbelsäule
8 = Geschlechtsorgane
9 = Schenkel, Anus
10 = Knie
11 = Beine
12 = Füße
13 = Leber, Kreislauf
14 = Knochen, Zähne
15 = Herz

16 = Nervensystem
17 = Gesichtsmuskeln
18 = Unterleibsmuskeln,
      Brustmuskeln
19 = Halsmuskeln
20 = Allgemeine Vitalität

A und B zeigen Veränderungen während der Menstruation bei
Frauen und etwa 7 × jährlich bei Männern.

7
TECHNIKEN ZUR PROJEKTION VON ENERGIEN

Der wichtigste Einzelfaktor bei der Anwendung von Radionik ist die Technik der Energieprojektion oder -übermittlung. Unter Übermittlung versteht man die Art und Weise, wie eine bestimmte Gedankenform fokussiert, energetisch aufgeladen und zu einem Ziel geschickt wird. Alice Bailey hat darauf hingewiesen, daß Atemkontrolle und Konzentration auf die klare Formulierung einer Gedankenform die Voraussetzungen für eine erfolgreiche Energieprojektion sind. Der Übermittler muß die sogenannte Einpunkt-Konzentration beherrschen, die in der Regel am besten durch eine der zahlreichen Meditationstechniken entwickelt werden kann.

Eine besonders einfache, weitverbreitete Meditationstechnik besteht darin, daß Sie konzentriert in die Flamme einer Kerze schauen und Ihre Gedanken und Gefühle auf das Licht der Kerze gerichtet halten und auf nichts sonst. Diese Lichtmeditation wird in der Übungsanleitung auf Seite 129 ausführlicher erklärt.

Die Kunst des Pranayama, die Atemlenkung der Yogis, bietet sich ebenfalls zur Übung der Einpunkt-Konzentration an.

Auf jeden Fall muß der Übermittler fähig sein, sich auf die zu übertragenden Energiemuster zu konzentrieren. Auch hier macht erst die praktische Übung den Meister.

Inzwischen werden zahlreiche Radionik-Geräte (nicht Maschinen!) auf dem Markt angeboten. Einige darunter sind sehr kostspielig, weil sie komplizierte Schaltungen verwenden. Man kann aber auch seine eigenen Energieschaltkreise, z. B. die »Sternenkarte«, die später in diesem Kapitel beschrieben wird, selbst herstellen. Je nach technischen Fähigkeiten, Finanzen, Zeit und persönlichen Vorlieben können Sie sich für einfache selbstgebaute oder aufwendige High-Tech-Instrumente entscheiden. Im folgenden Abschnitt wird das »Magnetron«-Gerät beschrieben, das zur Zeit nur direkt in den USA erhältlich ist (Bezugsquellennachweis in Anhang B). Dieses Gerät hat sich seit den frühen 70er Jahren für mich bestens bewährt.

MAGNETFELDÜBERMITTLUNG

Das Herzstück des Magnetron-Geräts ist eine einfache magnetische Platte mit einem spezifischen Muster, in deren Mitte eine Probe gelegt wird (siehe Abbildung 13). Das Magnetron wurde von Dr. Christopher Hills an der University of the Trees in Santa Cruz, Kalifornien, entwickelt. Es ist in Wirklichkeit etwa viermal so groß wie die Abbildung. Es wird wie folgt benutzt:

Man richtet das Magnetron zunächst anhand des Nord-Süd-Pfeils nach Norden aus, damit das Magnetfeld der Erde die Energieprojektion verstärken kann. Es hilft auch, das Magnetron in direktes Sonnenlicht zu legen oder unter künstliches Vollspektrumlicht. Nach meiner Erfahrung bewährt sich eine Fotografie als Probe am besten, die man in die Mitte legt. Zu übertragende Materialien (z. B. Vitamine, Mineralien, Farben, ätherische Öle, Bach-Blüten-Essenzen) können dann genau auf die entsprechende Problemzone des Körpers auf dem Foto gelegt werden, zum Beispiel auf den Kiefer oder den Knöchel. Andere Proben, wie Blut, sind auch geeignet. Es ist immer wichtig, die genaue Problemzone anzusprechen, man könnte sagen, anzupeilen. Dazu kann man sich übrigens auch der Körperdiagramme (Abbildung 6 und 7) bedienen. Wieder legt man das Diagramm in die Mitte der Magnetronplatte und plaziert das zu übertragende Material auf die entsprechende Problemzone bzw. deren Wortbezeichnung im Schriftbilddiagramm.

Als nächstes gilt es, die Probe auf dem Magnetron exakt auszurichten. Man hat herausgefunden, daß jede Substanz bzw. jede körperliche Form oder Gestalt eine ganz bestimmte Schwingungsrichtung besitzt. Diese ortet man am besten mit Hilfe eines Pendels. Drehen Sie die Probe solange immer etwas weiter um die eigene Achse, bis Ihr Pendel über der Probe

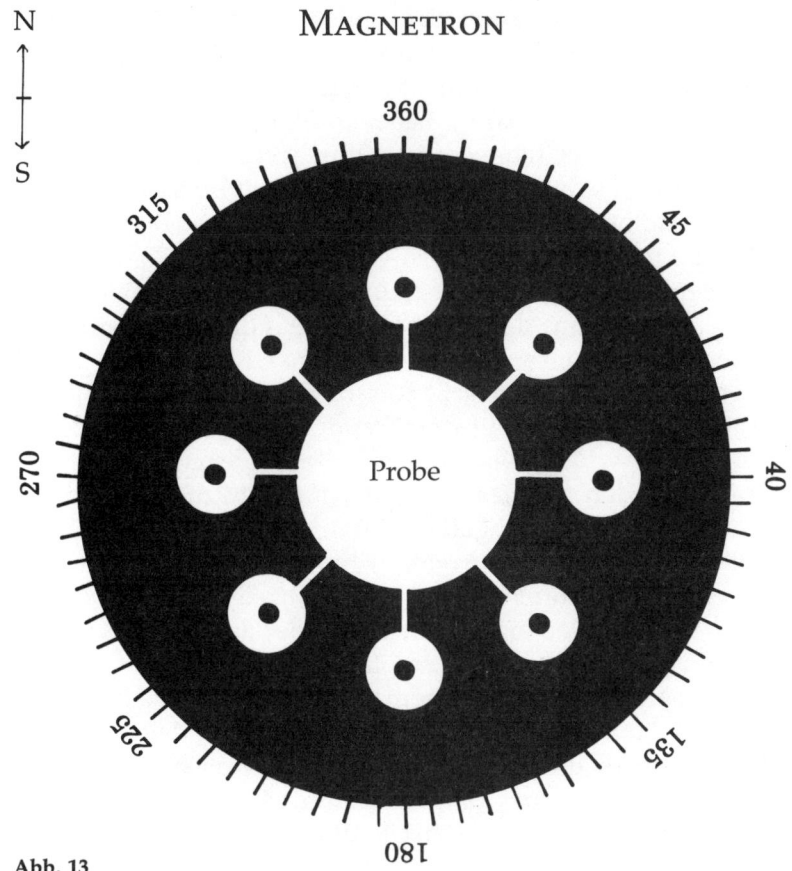

Abb. 13

Reproduziert mit Genehmigung der University of the Trees Press und des Erfin-
ders, Christopher Hills.

einen eindeutigen starken Ausschlag anzeigt. Dieser Vorgang
ist mit der »Sendersuche« beim Radio vergleichbar: um einen
möglichst guten Empfang zu gewährleisten, muß der Sender
genau eingestellt werden.

Die Auswahl der zu sendenen Materialien wird durch das
Problem bestimmt. Einige Materialien möchte ich aufzählen:
Bach-Blüten-Essenzen, Edelsteine, Vitamine, Mineralien, homöopathische Heilmittel, Zellsalze, Pflanzen (z. B. Minzeblät-
ter, von denen man sagt, daß sie den Ätherkörper nähren),

Echinacea (zur Reinigung des Blutes) oder Cayenne-Pfeffer (hilft beim Neutralisieren von toxischen Stoffen).

Eine andere wertvolle Ergänzung der Ausstattung ist reines Clorex (Hydrogenperoxid), das beim Eliminieren metallischer Gifte hilft. Reines Chlorex scheint die Eigenschaft zu besitzen, freie Sulfhydryl-Gruppen, potentielle Bilder von freien Radikalen, zu oxidieren, und in Bisulfide, die sich zur Bildung von Radikalen inaktiv verhalten, zu verwandeln.

Die Sendematerialien können in einem durchsichtigen Glasbehälter auf die auf dem Magnetron befindliche Probe gelegt werden. Sie können auch in einem kleinen Kreis um die Probe gelegt werden, wenn das Pendel dies anzeigt. Kontrollieren Sie alle Plazierungen mit dem Pendel, bis Sie einen starken positiven Ausschlag erhalten. Auch die Sendezeit sollte ausgependelt werden. Prüfen Sie die Übermittlung periodisch, wenn Sie über einen längeren Zeitraum Energien senden.

Falls die Energie niedrig oder nicht mehr vorhanden ist, was Ihnen Ihr Pendel durch seine Aktivität anzeigen wird, so ersetzen Sie die Materialien. Achten Sie wieder darauf, alles gewissenhaft auf dem Magnetron zu plazieren.

Ein anderes wichtiges Element, das jeder Sendung beigefügt werden sollte, ist Farbe. Ich habe herausgefunden, daß Kirchenfensterglas die Energie am gleichmäßigsten leitet. Das mag teilweise an dem Goldgehalt dieses Glases liegen. Bevor Sie Ihr Glas plazieren, sollten Sie die Glasscherben leicht aneinanderschlagen oder -reiben, was die Energien aktiviert. Die zu verwendenden Farben müssen ausgependelt werden. Dazu dient eine Farbenliste oder Farbskala, auf der die Resonanz mit der Probe kontrolliert werden kann. Farben können einzeln oder kombiniert verwendet und entsprechend plaziert werden. Kontrollieren Sie sorgfältig mit dem Pendel die Ausrichtung der Farbe im Verhältnis zur Probe, zur gesamten Sendeanordnung und zu den magnetischen Polen. In Kapitel 8 werden einige spezielle Farbanwendungen besprochen.

Überprüfen Sie jeden Schritt der Prozedur und alle Materialien, bis das Pendel jeweils stark positiv ausschlägt. Das zeigt, daß die Energie in der Sendung fließt. Abbildung 14 zeigt einen Längsschnitt durch die Anordnung des Sendematerials.

MATERIALANORDNUNG EINER SENDUNG IM LÄNGSSCHNITT

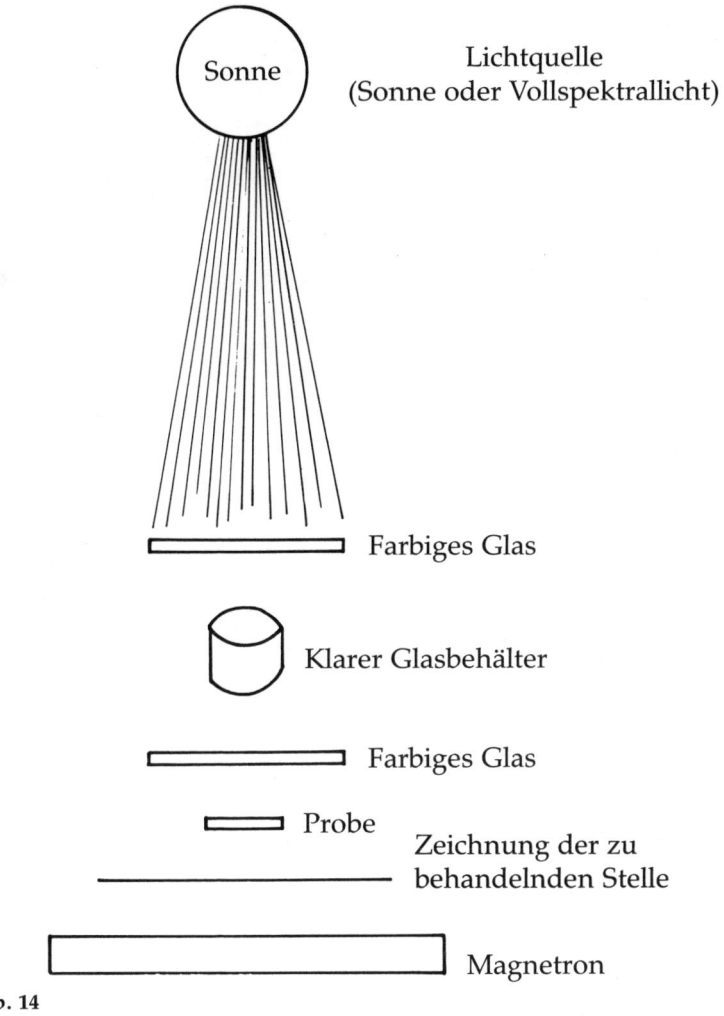

Sonne

Lichtquelle
(Sonne oder Vollspektrallicht)

Farbiges Glas

Klarer Glasbehälter

Farbiges Glas

Probe

Zeichnung der zu
behandelnden Stelle

Magnetron

Abb. 14

Das Magnetron ist, wie bereits erwähnt, eine Magnetplatte. Falls Sie kein solches Gerät besitzen, kann auch ein normaler Magnet auf einer Platte benutzt werden, dessen positiver Pol nach Norden ausgerichtet werden sollte. Nehmen Sie dazu

75

einen ca. 5 kg schweren U-förmigen Magneten mit etwa 25 kg Zugkraft.

Auch hier gilt, daß es keine Grenzen für Ihre Kreativität bezüglich der Anwendungen gibt. Nutzen Sie diese Methode zum Guten und staunen Sie über das, was geschieht.

ENERGIEPROJEKTION MIT RAE-KARTEN UND -GERÄTEN

Es gibt Geräte, mit deren Hilfe man Energien senden kann, die auf kleinen »Rae«-Karten definiert sind. Ich habe ein Gerät mit einer Karten- und einer Probenöffnung, das die Bezeichnung Mark III Potenz-Simulator (Potency Simulator) trägt, als sehr hilfreich empfunden (Abbildung 5).

Diese Geräte können benutzt werden, um eine Probe mit einem Material, sei es Edelstein, Farbe, Bach-Blüten-Essenz usw., zu behandeln. Die dazu notwendigen Rae-Karten sind für fast alle Materialien erhältlich. Diese Geräte sind so konstruiert, daß man sie durch spezielle Adapter hintereinanderschalten kann, wodurch sich ihre Kapazität addiert. Die Mehrfach-Karten-Geräte sind auch äußerst nützlich. Abbildung 15 zeigt ein 3-Karten-Gerät. Hier folgen zwei Beispiele, wie in einem solchen Gerät 3 bzw. 4 Rae-Karten benutzt werden können:

Karte 1 Energie →	Karte 2 Energie →	Karte 3
Schlitz 1	Schlitz 2	Schlitz 3
1. Normalisiere	Wurzelchakra	Niere
2. Tuja	Ohrspeicheldrüse	Mumps-Gifte
3. Violett	Kronenchakra	Gehirn

Probe in Probenöffnung

RAE-3-KARTEN-
GERÄT MIT UNTERBRECHER

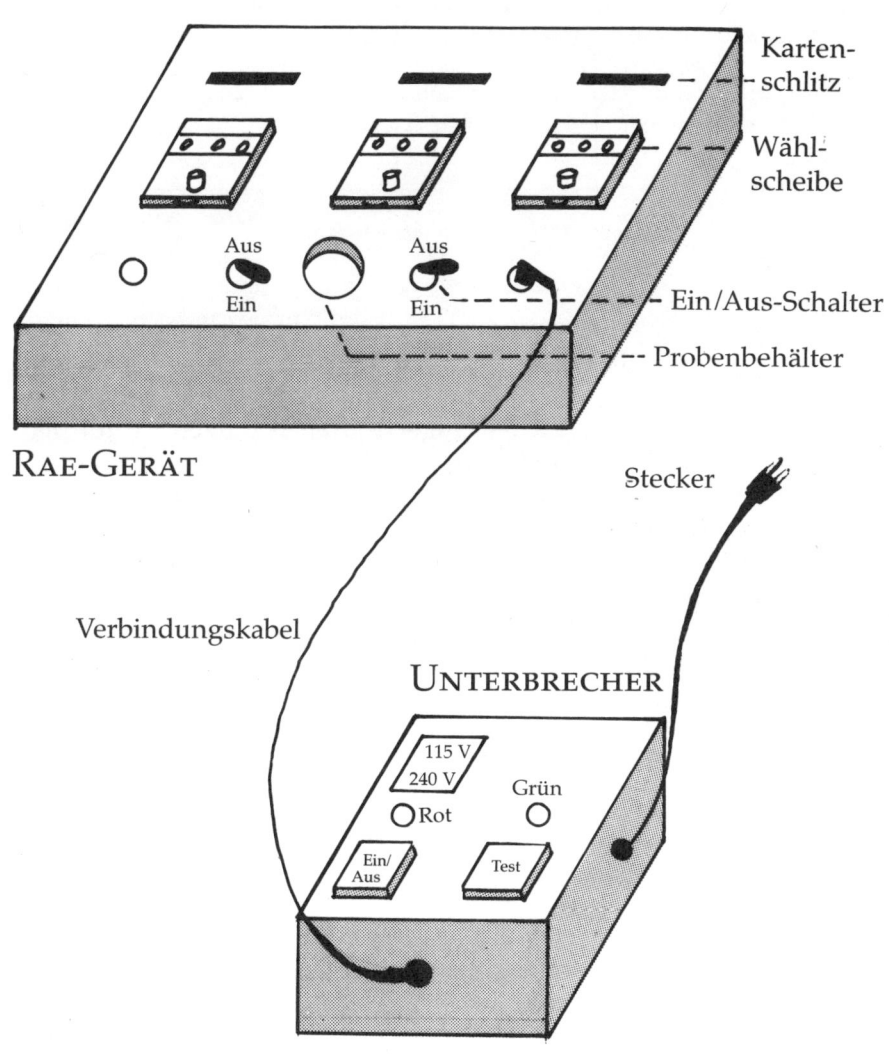

RAE-GERÄT

Karten-
schlitz

Wähl-
scheibe

Ein/Aus-Schalter

Probenbehälter

Stecker

Verbindungskabel

UNTERBRECHER

115 V
240 V

Grün

Rot

Ein/
Aus

Test

Abb. 15

Karte 1	Karte 2	Karte 3	Karte 4
1. Optimiere	Liebe	Mental-, Astral- Emotional- körper	Herzchakra
2. Eliminiere	emotionaler Streß	astraler Solarplexus	Solarplexus- Chakra
3. Causticum	Amon. carb.	Lithium	beginnender Katarakt

Probe in Probenöffnung

Das Pendel sollte benutzt werden, um die richtigen Einstellungen und Plazierungen der Karten für jede Probe zu ermitteln. Zu beachten ist, daß die Energie im Gerät von links nach rechts läuft. Man kann auch weniger Karten benutzen, wenn man den linken Schlitz frei läßt.

Solche Mehrfach-Karten-Geräte kann man auch zum Potenzieren von Mitteln für die orale Verabreichung einsetzen. Obwohl es nicht in der einschlägigen Literatur steht, habe ich erlebt, wie das mit gutem Erfolg praktiziert wurde. Ergänzend zu diesem Gerät gibt es einen »Unterbrecher«, der an eine Steckdose angeschlossen wird. Er produziert pulsierende Energiestöße, die sozusagen an die Tür des Zielobjektes klopfen. Man hat festgestellt, daß pulsierende Energie eher angenommen wird. Die Energien werden auch verstärkt, wenn ein geladener Quarz-Kristall in der Vertiefung im Gerät benutzt wird. Alle Rae-Geräte und -Karten sind aus England erhältlich. (Siehe Bezugsquellennachweis im Anhang)

STERNKARTEN-SYMBOL

Nachdem wir bereits mehrere für die Energieaussendung geeignete Symbolformen wie den Statischen Diamant oder die

Molekular-Struktur (Kapitel 6) sowie das Magnetron kennengelernt haben, die alle eine unterschiedliche Funktion erfüllen und spezielle Wellen-Konfigurationen aufweisen, möchte ich Ihnen jetzt eine weitere Symbolform vorstellen.

Das Sternkarten-Symbol können Sie selbst herstellen, es ist eine hervorragende Konzentrationsübung und kann viel Freude bereiten. Die Karte kann bei verschiedenen Problemen helfen, eine Lösung zu finden.

Anleitung für die Herstellung eines radionischen Schaltkreises – die Sternkarte
Die Sternkarte erlaubt eine Behandlungsmethode mittels Anwendung eines einfachen Schaltkreises. Sie wird Sternkarte genannt, weil die auf der Karte gewissenhaft aufgemalten Punkte Sternen ähneln. Diese Karte ermöglicht dem Heiler, Energie zu konzentrieren und sie zu der Person zu senden, die Hilfe braucht. Es ist nicht genau bekannt, was dabei vorgeht, aber die Karte scheint eine kraftvolle Energiequelle anzuzapfen. Diese Karte ist einfach, ihre Herstellung macht jedem Spaß, der gerne mit dem Pendel umgeht.

Material und Werkzeuge:
eine weiße, unlinierte Karte 7,5 × 10 cm
ein Bleistift
Wachsmalstifte, Buntstifte oder Filzschreiber
ein Pendel

Hilfreich sind außerdem:
ein Lineal
ein Zirkel
Etiketten
Klebeband
ein Kurvenlineal

Schritt 1: Energie-Klärung
Klären Sie Ihren Geist von allen Gedanken, die nichts mit der Herstellung der Karte zu tun haben. Bitten Sie Ihr höheres Selbst um Führung und Hilfe bei der Heilung. Wenn Sie die Karte für einen Patienten herstellen, bitten Sie ihn zuvor um seine Einwilligung.

Schritt 2: Formulierung der Behandlung

Der Zweck der Behandlung muß in Worte gefaßt und auf die Rückseite der Karte geschrieben werden (Bleistift). Die Behandlung muß sich auf eine Disharmonie beziehen. Eine Harmonie kann (braucht) nicht behandelt zu werden. Einem Mangel an Erfolg kann abgeholfen werden, aber nicht einem Erfolg. Eine typische Behandlungsformulierung, die auch das Datum enthalten sollte, könnte so lauten: »Dieses ist eine Behandlung für Peter Maier wegen einer Kopferkältung« oder »Dieses ist eine Behandlung für Petra Schmitt wegen Depressionen«. Behandlungen sind geeignet bei körperlichen Beschwerden, mentaler oder emotionaler Unausgeglichenheit oder bei spirituellen Problemen.

Wenn eine Behandlung begonnen wird, kann man nie vorhersagen, wie sie beendet wird. Zum Beispiel könnte jemandem ein neuer Arbeitsplatz angeboten und damit seine Finanzen geregelt werden. Wird ein entzündeter Zahn behandelt, so kann es sein, daß der Patient einen neuen Zahnarzt findet, der in der Lage ist, das Problem zu beheben. Ein anderer ist sich vielleicht nicht bewußt, daß sein Problem gelöst ist, da es unmerklich verschwindet. Kopfschmerzen können unter Umständen abrupt nachlassen.

Kontrollieren Sie die richtige Wortwahl Ihrer Formulierung mit dem Pendel. Wenn Sie jemandem helfen eine Karte anzulegen, kann es klug sein, bei der Wortwahl der Formulierung der Behandlung zu assistieren. Klarheit ist bei diesem Schritt am wichtigsten.

Schritt 3: Entwurf des Randes

Ein Rand wird auf der Vorderseite der Karte mit Farbe gezeichnet, um deren Wirkung zu vergrößern. Er wirkt dann wie eine Linse. 1–5 farbige Linien sind in den meisten Fällen angezeigt. Nutzen Sie das Pendel, um die spezielle Linienform auszuwählen.

Die Möglichkeiten beinhalten gerade, gewellte, bogenförmige und gezackte Linien. Letztere sind die gängigsten.

Nachdem Sie den Linien-Typ gefunden haben, wählen Sie die Farben aus. Sie können für jede Linie verschiedene Farben nehmen. Ist die Karte für eine andere, anwesende Person, dann lassen Sie von ihr die Linien zeichnen. Das verstärkt die Energie.

Schritt 4: Anzahl und Anordnung der Sterne
Bestimmen Sie zuerst die genaue Anzahl der Sterne. Selten sind es mehr als fünf. Anschließend legen Sie die Lage jedes einzelnen Sterns fest. Beginnen Sie an der linken unteren Ecke der Karte und bewegen Sie sich aufwärts am Kartenrand.

Fragen Sie, ob der Stern auf einer bestimmten Linie liegt, wobei Sie das Lineal horizontal über der Karte verschieben. Ist die Linie gefunden, bewegt man sich von links nach rechts auf der Linie, um die richtige Stelle zu finden. Markieren Sie die genaue Lage des Sterns. Der Vorgang wird wiederholt, bis jeder Stern eingezeichnet ist.

Schritt 5: Die Sterne verbinden
Manchmal haben die Sterne Linien, die sie verbinden. Stern A kann eine Verbindungslinie zu Stern B haben. Stern B hat vielleicht keine Verbindungslinie zu Stern C, aber die Sterne A und C können verbunden sein.

Die Verbindungen können die Form einer Geraden, einer Kurve oder eines Kreises haben, je nachdem, was das Pendel Ihnen sagt. Jedes Energiemuster ist einmalig. Die Linien können mit einem Zirkel, einem Lineal oder freihändig gezeichnet werden. Manchmal kann eine Linie an der Kante der Karte beginnen, durch Sterne führen und weiterlaufen bis zu einer anderen Kante.

Schritt 6: Unterschrift
Die Person, welche die Behandlung erhält, sollte auf der Rückseite der Karte unterschreiben. Der genaue Platz dafür wird ausgependelt. Falls die Person nicht anwesend ist, kann die Unterschrift auf einem Etikett geschickt und an den entsprechenden Platz geklebt werden.

Schritt 7: Behandlungszeit
Die Behandlungszeit wird durch Pendeln festgelegt. Fragen Sie zuerst, ob die Dauer in Stunden, Wochen, Monaten, usw. zu verstehen ist. Dann fragen Sie nach der Anzahl und schreiben die genaue Zeit auf die Rückseite der Karte, wie z. B. »Ende: 21. September 1990, 16 Uhr.«

Schritt 8: Lage der Karte
Ist die Karte fertiggestellt, wird sie horizontal oder vertikal ausgerichtet. Sie kann gegen einen Gegenstand gelehnt oder an die Wand geklebt werden. Wenn die Karte herunterfällt oder weggenommen wird, ist die Behandlung so lange unterbrochen, bis sie wieder an ihrem Platz ist. Am besten zerstört man die Karte, vorzugsweise durch Verbrennen, nach Abschluß der Behandlung.

DER SE 5 BIOFELD-SPEKTRUM-ANALYZER

Eines der aufregendsten Forschungsinstrumente, das man heute erhalten kann, ist der SE 5 Biofeld-Spektrum-Analyzer. Er ist nicht größer als ein Taschenbuch, braucht eine 9 Volt Batterie oder kann mit einem Adapter an eine Steckdose angeschlossen werden.

Der SE 5 hat bemerkenswerte Fähigkeiten. Da er auf der Biofeld-Ebene arbeitet, kann er zum Analysieren von Proben, zum Senden von feinstofflichen Energie-Mustern, zum Energie-Ausgleich ebenso wie zur Stimulation oder zum Potenzieren von homöopathischen Heilmitteln benutzt werden. Mit diesem hochentwickelten Instrument kann jeder verfügbare radionische Wert gesendet oder neue Werte auf Knopfdruck abgesucht werden. Der Anwender gibt einfach die Werte oder Programm-Schlüssel in den kleinen Computer des Instruments ein. Das SE 5 kann Eingabewerte in einem automatisch durchlaufenden Programm der Reihe nach verarbeiten. Ein ausführliches Buch mit Eingabedaten ist auf Wunsch mit dem SE 5 erhältlich. (Siehe Bezugsquellennachweis im Anhang B.)

Eine Vielzahl von Programmen sind bereits im Computer enthalten, so etwa Programme zur Organ-Gewebe-Analyse, oder für Landwirtschaft bzw. Bergbau. Zusätzlich ist Raum für die Eingabe von zwei Kundenprogrammen. Weitere Programme, z. B. für den Veterinär- oder Gartenbereich, Erste Hilfe, usw. sind beim Hersteller zu beziehen.

Die Bedienung des SE 5 ist einfach. Das Instrument kann auf ein bestimmtes Programm eingestellt werden, wie z. B. Gärtnern. Samen und Boden können analysiert und, falls bestimmte Energien (Stickstoff) fehlen, durch Senden ausgeglichen werden. Die Programme können manuell oder automatisch eingesetzt werden. Vitalität, Zustände der feinstofflichen Körper und Chakras, Organe und sogar psychologische Strukturen können auf der feinstofflichen Ebene untersucht werden. Programme oder individuelle Eingaben können nach dem Ermessen des Anwenders während einer vorgegebenen Zeit gesendet werden.

PULSOREN

Pulsoren sehen etwa wie dicke runde Scheiben oder Quadrate aus. Sie sind aus Mikrokristallen zusammengesetzt und für bestimmte Energiewellen des elektromagnetischen Spektrums empfänglich. Pulsoren wurden geschaffen, um die optimale Polarität des Körpers zu gewährleisten, was in unserem technologischen Umfeld heute sehr nötig ist. Viele Dinge unseres täglichen Lebens wie Fernseher, Computer, Telefon und Mikrowellenherd verursachen elektromagnetische Störfelder, die die Körperpolarität verändern und im Laufe der Zeit einen verheerenden Schaden im Energiesystem anrichten können. Auf diesem Gebiet gibt es vieles, was wir noch nicht wissen.

Der Pulsor wirkt als Gleichrichter schädlicher Aufladungen, um die Ausgeglichenheit des Körpers zu gewährleisten.

Pulsoren können therapeutisch für viele Zwecke einschließlich Polaritätsausgleich, Verstärkung von Aurafeldern, Abhilfe bei Schmerzzuständen, Unausgeglichenheit im Körper und für die Fernbehandlung benutzt werden. Diese kleinen Geräte können für eine Übertragung auf Diagramme oder Fotos von Personen gelegt werden. Eine Probe wird eingesetzt, Zeiten und Plazierung werden ausgependelt. Es können auch mehrere Pulsoren übereinander angeordnet werden. Die farbcodierten Chakra-Pulsoren sind wie folgt anzuwenden:

Blau – hohe Frequenz, Resonanz mit dem Mentalen, Kehle bis Krone

Grün – mittlere Frequenz, Resonanz mit dem Astralen

Rot – niedrige Frequenz, Resonanz mit dem Physischen/ Ätherischen

Die Probe wird jeweils auf den entsprechenden Pulsor gelegt.

Wie die meisten radionischen Geräte und deren Verwandte, sind Pulsoren sehr vielseitig und bisweilen äußerst hilfreich. Ich erwähne sie hier, da ich sehr positive Erfahrungen mit ihrem Einsatz gemacht habe. Sie können als Medaillon umgehängt, in der Tasche oder als Ring getragen werden. (Siehe Bezugsquellennachweis im Anhang)

Wenn Sie Sendetechniken anwenden, werden Sie mit der Zeit Ihre persönlichen Methoden entwickeln. Das ist deshalb wichtig, weil diese für **Sie** funktionieren. Experimentieren Sie mit den verschiedensten Techniken und entwickeln Sie Ihre eigenen Methoden. Machen Sie Aufzeichnungen, damit Sie wissen, was Sie gemacht haben und wie das Ergebnis aussah.

Alle im folgenden Kapitel beschriebenen Einsatzmöglichkeiten oder Kraftquellen sind ebenso nützlich für Energieprojektionen oder radionische Anwendungen wie für den direkten Gebrauch. Bedenken Sie immer, daß alle Patienten – Menschen, Pflanzen und Tiere – einmalige Energiesysteme darstellen und deshalb nicht alle auf dieselbe Behandlung reagieren. Energien verändern sich, **kontrollieren** und **überprüfen** Sie deshalb jeden Fall einzeln in seiner Besonderheit.

8

Energieträger:
FARBEN, EDELSTEINE, DÜFTE, BACH-BLÜTEN, HOMÖOPATHISCHE MITTEL, SCHÜSSLERSALZE

In diesem Kapitel werden einige Hilfsmittel oder Energieträger erläutert, die besonders nützlich sind. Das Pendel kann hier zum Auswählen und Messen der Zusammensetzungen, sowie zur Bestimmung der Zeiten und Plazierungen dienen.

FARBE

Die Farbtherapie – den Gebrauch von Farbe für Heilzwecke – finden wir bereits bei den frühen Menschen, als langer Aufenthalt in Sonne und Luft noch zu den natürlichen Lebensgewohnheiten zählten. Spätere Zivilisationen bauten Tempel und schufen spezielle Plätze zur Heilung und Regeneration auf allen Ebenen, wo Priester Farbe und Licht gezielt als Mittel einsetzten. Ihre wohltuende Wirkung war bekannt und wurde allen zuteil, die Heilung suchten. Einige der Tempel stehen noch heute als Ruinen, Monumente früher menschlicher Erleuchtung; wir finden sie in Griechenland und in Ägypten, wo die Farbe und ihre Beziehung zum Klang und zur Zahl studiert und in der Heilung angewendet wurde.

Einige Menschen der alten Welt haben die Ergebnisse ihrer Arbeit mit Farbtherapie schriftlich festgehalten. So schrieb zum Beispiel Herodot seine Anwendungen des Sonnenlichts für die Behandlung von Hautkrankheiten nieder. Aristoteles verfaßte ein Buch über Farbe. Auch die Chinesen waren davon überzeugt, daß Farbe das physische, mentale und spirituelle Wohlbefinden stimuliert. Beispielsweise benutzten sie rotes

Material, um die, wie sie es nannten, Pocken-Kästen zu bedecken. Die Farbe wirkte dabei als ein Lichtfilter. Ihre Beobachtungen und ihr Wissen wurden bestätigt, als Jahrhunderte später, 1832, festgestellt wurde, daß rotes Licht offensichtlich das Fortschreiten der Pockenerkrankung verhindert. So wurde berichtet, daß viele Pockenkranke, die man in rote Tücher eingewickelt hatte, sich ohne Narben erholten.

In der westlichen Welt wurden um 1800 die Auswirkungen von Farbe auf die Psyche aufgezeigt. Die Farbtherapie hat sich mittlerweile stark verbreitet. Auch wenn sie heute vielfach als neue Heilmethode beschrieben wird, ist an dieser Idee überhaupt nichts Neues oder »New Age«. Sie findet in vielen Bereichen Anwendung, unter anderem in öffentlichen Gebäuden, Krankenhäusern und Schulen wegen ihrer psychologischen Wirkung auf die Menschen.

So hat es sich zum Beispiel gezeigt, daß eine leichte Blautönung aufgeregte Menschen beruhigt und besänftigt. Auch die Erkenntnisse über die Wirkung des Vollspektrumlichts und seine wohltätigen Auswirkungen auf die menschliche Gesundheit und die Umweltbedingungen in Wohnungen und Büros rücken Licht und Farbe stärker ins öffentliche Bewußtsein. Berichtet wird auch von erstaunlichen Erfolgen mit dem Vollspektrumlicht bei bestimmten Symptomen und menschlichen Problemen, die in Regionen mit langen Wintern und entsprechend kurzen Tageslichtperioden auftreten.

Einer der besten Wege, Farbe zu erfahren, ist, durch ein Prisma zu schauen. Wenn ein Lichtstrahl auf ein Prisma trifft, wird er in Strahlen von farbigem Licht zerlegt. Sonnenlicht ist die Kombination sämtlicher Farben des Spektrums, der sichtbaren wie der unsichtbaren. Wir sehen die Farben als violett, indigo, blau, grün, gelb, orange und rot – die Regenbogenfarben. Diese korrespondieren auf einigen Ebenen auch mit den sieben Hauptchakras. Es wurde bereits gesagt, daß das Prisma sowohl unsichtbare – kosmische – als auch sichtbare Farben zerlegt. Falls jemand nicht in der Lage ist, bestimmte Farben durch ein Prisma zu sehen, so fehlen zu diesem Zeitpunkt in ihrem oder seinem System eine oder mehrere Farben. Dann ist es angebracht, sich mit diesen speziellen Farben zu umgeben, d. h. sich ihnen auszusetzen. Die Regenbogenfarben sind das sichtbare Spektrum, das vom Sonnenlicht oder von künstlichem Licht mit demselben Lichtwellengehalt produziert wird. Doch stellen die Farben nur einen unendlich kleinen Teil dieser Energiequelle dar. In Wirklichkeit ist Farbe eine Illusion. Sie erscheint uns, weil unsere Augen sie als jene Qualität des Lichts, das von einem Gegenstand reflektiert bzw. absorbiert wird, erfaßt.

In der Farbtherapie kann die Farbe direkt von einer Person aufgenommen oder zu ihr gesendet werden. Die letztere Methode erzielt die besten Ergebnisse, wenn man Kirchenfensterglas verwendet, obwohl Farbfilter aus Kunststoff oder auch anderes Glas benutzt werden können. Traditionelles Kirchenfensterglas mit einem Goldgehalt scheint die Farbenergie besser zu halten oder zu leiten als andere Materialien.

Farbe intensiviert die Energie auf der Zellebene und wirkt auf zwei Ebenen. Sie wirkt auf der physischen Ebene durch Farbprojektionen auf den Körper, durch Farbbäder, Farbatmung, Farbgetränke und -nahrung. Sie kann aber auch durch das Erwecken des Bewußtseins wirken.

Rudolf Steiner empfahl, Methoden anzuwenden, die auf das Bewußtsein einwirken und nicht auf das Leiden. Farbe beeinflußt alle Aspekte der Person: Körperfunktionen, mentales und emotionales Wohlbefinden und spirituelles Bewußtsein. Sie kann dazu benutzt werden, um das gesamte System in Ausgleich und Harmonie zu bringen. Experimente mit Pflanzen, Tieren und Menschen haben ausreichend bewiesen, daß Farbe wirkt.

Beim Senden von Farbe projizieren wir die Schwingungswerte spezieller Farben oder Farbkombinationen, um eine Veränderung des Organismus, der durch die Probe repräsentiert ist, herbeizuführen. Die Farbe kann wiederum mit Symbolen und anderen Energieträgern kombiniert werden.

Einige Fachleute empfehlen Blau, Grün und Orange (was die Wirkung von Rot und Gelb verbindet) als die potentesten Heilfarben. Farben können als beruhigend, stimulierend und heilend klassifiziert werden. Man muß jedoch immer bedenken, daß Farbschwingungen auf allen Ebenen wirken. Eine Behandlung kann mit Grün zum Harmonisieren und Ausgleichen der Energien abschließen. Es gibt viele Tönungen, aus denen man auswählen kann. Zu jeder Farbe und Tönung sind Rae-Karten erhältlich. Die Regenbogenfarben sollten die Grundlage einer Farbbehandlung bilden. In der Aufstellung in Abbildung 16 sind diese Farben mit korrespondierenden Düften und Steinen kombiniert, die auch zusammen angewendet werden können.

Wirkung	physisch (emotional)	mental	spirituell
Beruhigend	leichtes Grau-blau Stahlblau	Olivgrün Blau Grün	Azurblau bis Lavendelblau
Stimulierend	Echtrot Orange Gelb	Violett bis Rotviolett	Orchidee Magenta*)
Heilend	Lavendel Grün (Vitalfarbe für körperliche Heilung)	Rosa Goldgrün Lavendel	Lavendelrosa Magenta Gold

*) Magenta ist mit Vorsicht anzuwenden. Es ist eine hochspirituelle Farbe und nicht für jeden geeignet. Es ist die Farbe des transpersonellen Chakras.

Welche Farben geeignet sind, hängt jeweils vom Einzelfall ab. Zum Beispiel kann man die Behandlung einer Halsentzündung mit Blau zum Beruhigen und Kühlen beginnen, um dann auf Rot für die Stimulation des Heilungsprozesses überzugehen. Als letztes nimmt man Blau oder Lavendel, um die Behandlung auszugleichen und das Kehlchakra zu aktivieren. Zeiten und Farben sollten ausgependelt und regelmäßig kontrolliert werden, da sie sich während des Heilungsprozesses verändern können.

Die Verwendung von Farbe zur Behandlung von Krankheit und Disharmonie beim Menschen ist äußerst einfach. Ihre Heilwirkungen sind weitreichend und preiswert im Vergleich zu einer kostspieligen Medikation. Die Natürlichkeit dieser Heilmethode liegt auf der Hand, da unsere Welt voller Farben ist. So bedeutet die Anwendung dieser Energie einen großen Schritt nach vorn, der uns in Einklang mit der Natur bringt.

Einige allgemeine Anwendungen:

Rot	Stimuliert Herz und Kreislauf, fördert Hämoglobin-Produktion; verstärkt Vitalität; hemmt Entzündung und Schmerz; Harnsäureregler.
Orange	Unterstützt Lungenfunktion; hilfreich bei Asthma und Atembeschwerden; fördert Verdauung; hilft bei der Assimilation von Kalzium; unterstützt Wirkung von Grün.
Gelb	Reinigt und klärt; unterstützt Nervensystem; vitalisiert; steigert Gallenfluß; hemmt Schwellungen, Antacida (Limonen-Tönung); stimuliert Eingeweide.
Grün	Allgemein heilend und harmonisierend; hilft bei Leberproblemen; erzeugt Vitalität über die Augen; stimuliert Hypophyse; wirkt durch endokrine Drüsen und Lymphen; keimtötend.
Blau	Beruhigt Entzündungszustände und Überaktivität; lindert Fieber und Anspannung; stärkt Lebenskraft; kühlt; wirkt gegen Diarrhöe; nützlich bei Nervenleiden; Beruhigungsmittel.
Indigo	Kühlend; bei Fieber und Hautproblemen.
Violett	Beruhigend; schafft Energie-Ausgleich; löst Disharmonie auf; wirkt beruhigend auf Motorik und Herz; stimuliert Milz; stimmt verträumt.
Blau/Violett	Beruhigt Schmerzen.
Grün/Rot	Stärkt das Immunsystem.
Gold	Originalfarbe des Lichts im Gehirn; Friede und Ausgleich des Geistes.
Rosa	Mitgefühl und Liebe.

(Informationen über eine Farblampe mit wahlweise verwendbarem Pyramidenfokus und 15 verschiedenen Farbfiltern siehe Bezugsquellennachweis in Anhang)

Die Heilbeziehungen der Farben

Farbe	Stein	Duft	Musik-note	mögl. Wirkung
Violett	Saphir	Nelke Pfeffer-minz	B	beruhigend, reinigend
Indigo	Diamant	Balsam Lavendel	A	fördert Gelassenheit, Selbstkontrolle
Blau	Mond-stein	Flieder	G	heilend, beruhigend
Grün	Smaragd	Moschus Narzisse	F	ausgleichend, entspannend, heilend
Gelb	Koralle	Jasmin Iris	E	unterstützt geistige Aktivität, wirkt ausgleichend auf Nervensystem, abführend
Orange	Perle	Vanille Mandel	D	wirkt als Tonikum, abführend
Rot	Rubin	Geranie Sandel-holz	C	stimuliert, belebt

Abb. 16

Aromatherapie

Die Aromatherapie wendet ähnlich wie die Homöopathie ätherische Öle, genau genommen Duftmoleküle, an. Da die Düfte eher im feinstofflichen Bereich der emotionalen und spirituellen Ebenen wirken, sollten sie nicht wie Kräuter für körperliches Unwohlsein angewendet werden.

90

Die Schwingungen der ätherischen Öle stimulieren und aktivieren die Selbstheilungskräfte des Körpers. Die Anwendungsmöglichkeiten dieser »himmlischen Düfte« reichen aber viel weiter. In den Händen eines erfahrenen Therapeuten können sie Unausgeglichenheiten des mentalen, emotionalen und spirituellen Körpers korrigieren. Genau betrachtet wurde die Aromatherapie schon vor 3000 Jahren in Indien und Ägypten angewendet. Auch in der Bibel, in der Thora und im Koran finden sich Hinweise darauf. Der Prophet Mohammed soll gesagt haben, daß ätherische Öle zu den drei Dingen gehören, die er auf dieser Erde bevorzugt. Moschus, Rose und Veilchen sollen seine Favoriten gewesen sein.

In vielen Schriften werden diese Essenzen »Attar« genannt. Der Begriff bezeichnet reines ätherisches Öl und kommt aus dem Persischen und Arabischen (dort bedeutet es Duft, Geruch oder Essenz). Und was für köstliche Düfte einige Essenzen haben! Meine besondere Vorliebe gilt dem Jasmin aus Tunesien und der Rose.

Die Anwendung von ätherischen Ölen für körperliche Leiden wird schon in den klassischen Werken des großen persischen Arztes Avicenna dokumentiert. Er entwickelte auch die Dampfdestillation zur Herstellung reiner ätherischer Öle. Avicenna ordnete den Blüten spezifische Werte, entsprechend ihren Temperamenten, zu. Dieses Verfahren folgte dem homöopathischen Lehrsatz »Ähnliches heilt Ähnliches«, da die Blüten-Öle auf die unausgeglichenen Temperamente von Avicennas Patienten abgestimmt wurden.

In Europa begann eine ernsthafte Beschäftigung mit der Aromatherapie vor etwa 60 Jahren. Der französische Kosmetik-Chemiker René Maurice Gattefossé bemerkte bei seiner Arbeit, daß ätherische Öle grundsätzlich eine Wirkung auf der Haut zeigten. Er fand außerdem heraus, daß viele Öle antibakterielle Eigenschaften hatten. In der Sowjetunion hat die jüngere Forschung gezeigt, daß z. B. ein bestimmtes Eukalyptusöl einen Grippe-Virustyp bekämpfen kann.

Während der 50er Jahre schrieben zwei anerkannte Aromatherapeuten, die Franzosen Marguerite Maury und Dr. Jean Valnet, Bücher zu dem Thema. Maury hatte einen ganzheitlichen Ansatz, während Valnet die Öle in konventioneller medizinischer Gepflogenheit zum Einnehmen verordnete.

Inzwischen ist die Aromatherapie in Europa eine bekannte und weitverbreitete Heilmethode, am meisten jedoch sind die stimulierenden Düfte ihrer Essenzen bekannt. Besonders die Veröffentlichungen von Robert Tisserand aus England haben zu ihrer Popularität beigetragen.

Die Sufis fördern mit Hilfe von Düften das Wachstum der Seele. Dem liegt der Glaube zugrunde, daß die Seele während ihres Erdenlebens verschiedene Stufen durchlaufen muß, die sich mit Düften leichter erreichen lassen. Den jeweiligen Stufen ordnen sie entsprechende Düfte zu. Die Stufen in aufsteigender Reihenfolge sind:

> Ego
> Herz
> Reiner Geist
> Göttliche Geheimnisse
> Nähe zu Gott
> Vereinigung mit Gott

Die Sufis verstehen es, die verschiedensten Ungleichgewichte auf der körperlichen wie spirituellen Ebene mit speziellen Düften zu behandeln. Einige der bekanntesten Öle, die zur Harmonisierung benutzt werden, sind im folgenden aufgeführt. Leider kann diese sehr alte Methode hier nur kurz und oberflächlich gestreift werden. Wer diese Kunst verstehen will, sollte sich einen kompetenten Lehrer suchen. Hier nun die Zuordnung einiger Düfte für die spirituelle Entwicklung:

Ambra (»Vater der Düfte«) Duft der Nähe zu Gott	bei Krankheiten, die mit den Herzen zusammenhängen; örtliches Stimulieren der Zirbeldrüse
Weihrauch	Aurareinigung
Jasmin	Hebt die Stimmung, wirkt antidepressiv
Moschus	Bei Herz- und Sexualproblemen

Myrrhe	Heilöl
Rose (»Mutter der Düfte«), Duft der Göttlichen Vereinigung	Reinigt und erhebt im körperlichen, emotionellen und spirituellen Bereich
Sandelholz	Für ernsthafte Meditation und spirituelle Übungen; bringt das Ego zum Schweigen, besänftigt die sexuellen Energien
Süße Mandel	Leichte Stimulation; hilft in Körperölen Nährstoffen in die Haut einzudringen; wird als Mischöl für ätherische Öle benutzt; hat möglicherweise krebshemmende Wirkung
Veilchen	Mildes Heilöl

Alle diese Essenzen können in kleinsten Mengen direkt eingenommen werden. Sie können auch zur Energieprojektion eingesetzt werden. Die Essenzen sind vor Licht, Wärme und Luft zu schützen und werden am besten in dunkelbraunen Flaschen aufbewahrt.

HEILEN MIT EDELSTEINEN

Heiledelsteine können auf sehr ähnliche Weise wie homöopathische Mittel und Bach-Blüten- bzw. Kalifornische Blüten-Essenzen angewendet werden. Sie neigen dazu, etwas stärker und schneller zu wirken als die Blüten-Essenzen. Edelsteine können auf der Haut oder der Kleidung getragen werden, obwohl ein Hautkontakt in jedem Fall wirksamer ist. Es wird auch empfohlen, die Edelsteine in reines Wasser zu legen, das der Patient später trinkt, so daß er die Schwingungen des Kraftobjektes in sich aufnimmt. Welcher Edelstein in welcher Form angewendet wird, wird durch die spezielle Situation und Person bestimmt.

Edelstein-Energien können gesendet werden. Die Energie-Qualitäten der einzelnen Steine können durch die Anwendung eines Gerätes wie Mark III simuliert werden. Auf diese Weise kann man Mittel, ohne sie zu besitzen, homöopathisch verabreichen. Es gibt auch eine große Anzahl von Rae-Karten für Edelsteine. Hier eine Aufstellung der bekanntesten Heiledelsteine und ihrer Wirkungen:

Amethyst	Hebt persönliche Gedanken und Wünsche in universelle Dimensionen
Aquamarin	Behebt energetische Stauungen von der ätherischen Ebene an aufwärts
Diamant	Intensive Wirkung; hilft den persönlichen Willen in Einklang zu bringen mit dem Göttlichen Willen (vorsichtig anwenden)
Smaragd	Ausgleichend, weckt die Lebenskräfte; klärt Gedanken bei Entscheidungen; steigert Hellhören und Hellsehen
Gold	Stimuliert Ausdehnung und Wärme; Essenz der Sonnenenergie
Mondstein	Essenz der Mondenergie; hilft zu verstehen
Rubin	Fördert Ausdehnung; verstärkt Vitalität; unterstützt Kreislauf im Ätherkörper; gleicht Wärmehaushalt aus
Saphir	Regt die Umwandlung von Verhaltensmustern auf allen Ebenen an; steigert den Optimismus
Silber	Kühlend; reflektierend; Essenz der Mondenergie
Topaz	Löst ätherische Blockaden; fördert die geistige Konzentration bei der Kommunikation; kann bei spiritueller Depression helfen
Türkis	Gleicht Emotionen aus; befreit von Streß und Blockaden im rhythmischen Fluß des Lebens

Pendelschema für Edelsteine

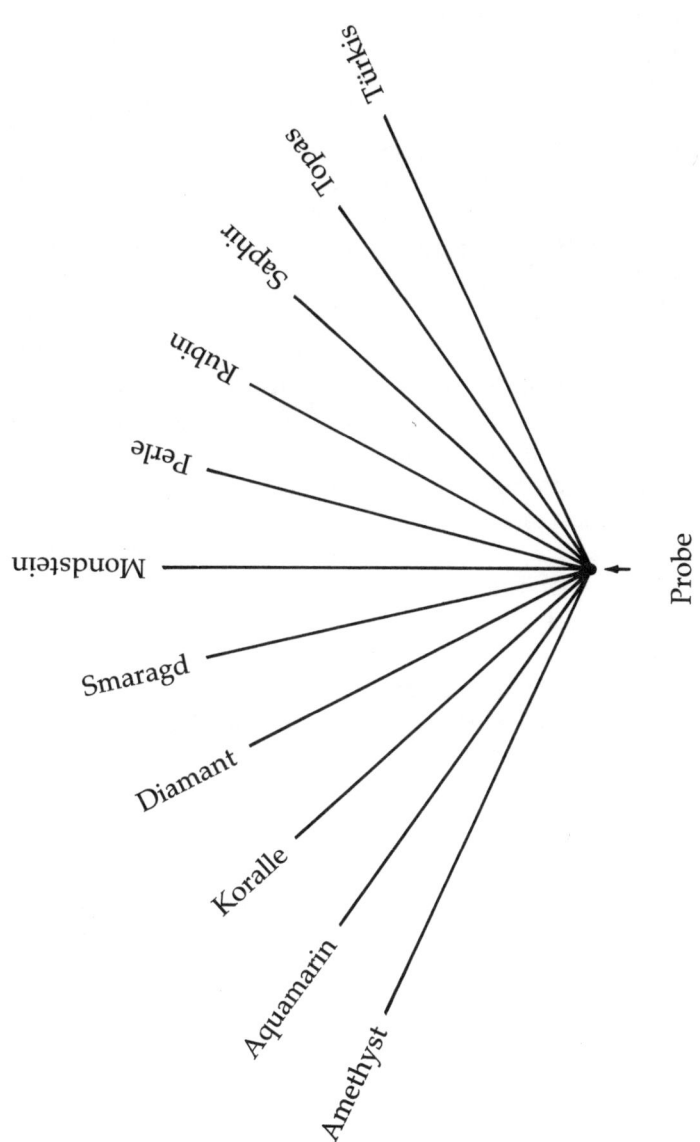

Türkis
Topas
Saphir
Rubin
Perle
Mondstein
Smaragd
Diamant
Koralle
Aquamarin
Amethyst
Probe

Abb. 17

Heilen mit Bach-Blüten

Blüten-Essenzen wie die Bach-Blüten- und Kalifornischen Blüten-Essenzen sind den meisten Heilkundigen geläufig. Sie sind von hoher Wirksamkeit und können entweder gesendet oder direkt innerlich oder äußerlich angewendet werden.

Die Bach-Blüten-Essenzen haben sich seit ihrer Entdeckung durch den englischen Arzt Dr. Edward Bach in mehr als 60jähriger Anwendungspraxis hervorragend bewährt.

Die Bach-Blüten zählen nicht zur Kategorie der homöopathischen Mittel. Vielmehr betrachtet man die aus den Blüten gewonnene Kraft als die unveränderliche Lebenskraft im direkten Sinne.

Die insgesamt 38 Blüten-Essenzen werden folgenden Seelenzuständen zugeordnet: Angst, mangelndes Interesse an der Gegenwart, Einsamkeit, Überempfindsamkeit gegenüber Einflüssen und Gedanken, Verzweiflung oder Verzagtheit, übermäßige Sorge um das Wohlergehen anderer.

Zusätzlich zu den einzelnen Blüten-Essenzen hat Bach aus fünf Blüten ein Notfall-Mittel zusammengestellt, das im Erste-Hilfe-Kasten und als ständiger Reisebegleiter unschätzbare Dienste leistet. Ich trage ständig ein Fläschchen davon bei mir, es hilft auch bei Tieren oder Blumen.

Inzwischen liegen mehrere Bücher über die Bach-Blüten-Therapie vor, die Original Bach-Blüten-Essenzen können auch in Deutschland bezogen werden. (Siehe Literatur- und Bezugsquellennachweis im Anhang.)

»Krankheit ist ihrem Wesen nach das Ergebnis von Konflikten zwischen Seele und Gemüt, und kann niemals anders als durch spirituelle und mentale Bemühungen behoben werden.«

Edward Bach

HOMÖOPATHIE

Der oberste Lehrsatz dieser Methode lautet: »Heile Ähnliches mit Ähnlichem«. Der Begriff »Homöopathie« ist abgeleitet von homeo mit der Bedeutung »ähnlich« und pathos, »leiden«. Unter Befolgung des »Gesetzes der Ähnlichkeiten« unterstützt der Homöopath die Abwehrkräfte des Körpers, indem er ein ähnliches Mittel auswählt, das dieselbe Wirkung hervorruft und somit **mit** dem Organismus arbeitet. Der Erfolg ist oft überraschend. Leider sind allopathische Medikamente nie nach dem Gesetz der Ähnlichkeiten ausgewählt. Die Folge ist, daß dem Organismus eine neue »Medikamenten-Krankheit« aufgedrängt wird und dieser dann mehr leisten muß, um den neuen Angriff abzuwehren.

Homöopathie ist eine echte Energie-Medizin. Sie befaßt sich mit der Chemie und Struktur des physischen Körpers, indem sie auf die feinstofflichen Ebenen einwirkt. Sie heilt durch Stimulation und Kräftigung des körpereigenen selbstregulierenden Kraftsystems mit Stoffen, die wegen ihrer energieübertragenden Eigenschaften ausgewählt werden. Ihr Ziel ist die Veränderung des Körpermilieus und die Unterstützung der Selbstheilungsaktivitäten des Organismus. Ein sorgfältig ausgewähltes homöopathisches Heilmittel kann die elektromagnetischen Felder des Körpers wirksam ausgleichen, so daß Funktionsstörungen behoben werden.

Der international bekannte Homöopath und Dozent George Vithoulkas hat dazu erklärt: »Das elektromagnetische Feld des menschlichen Körpers kann als seine ›dynamische Ebene‹ betrachtet werden – eine Ebene von unvorstellbarer Komplexität, die dennoch nach Gesetzen funktioniert, die auf den elektromagnetischen Prinzipien von Resonanz, Harmonie, Verstärkung und Überlagerung beruhen. Deswegen bilden diese Gesetze und Prinzipien die Grundlage der Energie-Medizin.«

Homöopathische Heilmittel werden nach einem altbewährten Verfahren der Potenzierung oder Dynamisierung hergestellt. Da homöopathische Mittel nur mit der jeweiligen Nummer der Potenz und ohne jede weitere Einnahmevorschriften abgegeben werden, ist es nötig, hierüber genauere Angaben zu machen.

Man teilt homöopathische Mittel ein in Tiefpotenzen, mittlere Potenzen und Hochpotenzen. Tiefpotenzen enthalten noch Moleküle der Ausgangssubstanz und erstrecken sich von D 1–D 6; sie finden bei rein organischen Beschwerden ihre Verwendung, z. B. bei Krampfadern. Die mittleren Potenzen reichen von D 12–D 30 und werden bei funktionellen Störungen angewandt. Die Potenzen ab D 30 gelten als Hochpotenzen und finden hauptsächlich bei geistig-seelischen Störungen ihre Anwendung.

Es gilt die Regel, je tiefer die Potenz, desto häufiger ist das Mittel einzunehmen. Tiefpotenzen werden daher 3× täglich oder auch stündlich (bei akuten Fällen) verschrieben, mittlere Potenzen, wie die D 12, nimmt man nur 2× täglich ein. Eine Hochpotenz wird immer unter der Aufsicht einer fachkundigen Person verordnet und eingenommen, denn sie darf nur ein einziges Mal eingenommen werden. Danach steht die monatelange Beobachtung des mitunter anstrengenden Heilvorgangs. Greift ein Laie zu früh erneut zu demselben oder einem anderen homöopathischen Mittel, so wird der Heilprozeß gestört oder rückgängig gemacht.

In Deutschland finden hauptsächlich die D-Potenzen Verwendung, sie sind beinahe wirkungsgleich mit den C-Potenzen, die eine etwas mildere Wirkung haben sollen. Potenzen gibt es nun nicht in der Zahlenreihenfolge 1, 2, 3, 4, 5, 6, 7 usw. Man hat sich auf Potenzschritte geeinigt; so können Sie z. B. mühelos die gebräuchlichen Verdünnungen D 2, 4, 6 oder 30 erhalten, ebenso auch die D 20, 500 und 1000. Potenzen wie D 7 oder D 28 sind nicht erhältlich, es sei denn, Sie bestehen auf einer Sonderanfertigung. (Nicht berücksichtigt sind hier die LM-Potenzen, die einem anderen Potenzierverfahren und einer anderen Dosierung unterliegen.)

Tiefe und mittlere Potenzen können auch von Menschen verwendet werden, die keine homöopathische Ausbildung besitzen. Höhere und Hochpotenzen sollten einem ausgebildeten Therapeuten vorbehalten sein. Der Laie hat meist nicht die Geduld, bei einer selbst ausgewählten Hochpotenz so lange zu

Pendelschema für homöopathische Potenzen

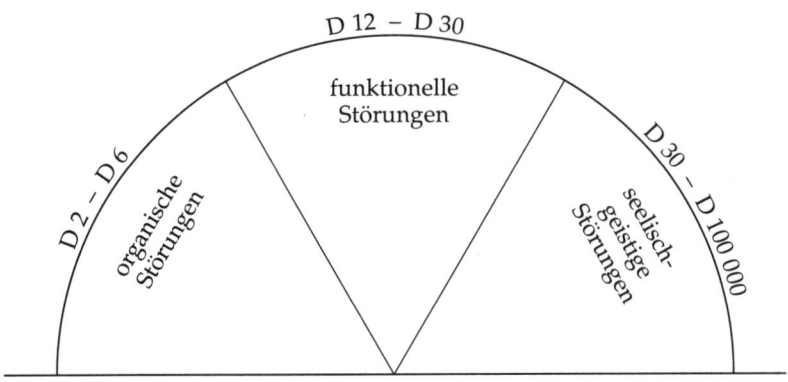

Abb. 18

warten, wie es für die Wirkung des Mittels nötig ist. Schnell nimmt er ein anderes Mittel dazu und wieder eines, das ihm noch passender scheint als die ersten beiden. Da Homöopathie nicht chemisch, sondern physikalisch, also energetisch wirkt, gleicht ein solcher Mensch bald einem, der gleichzeitig Mozart, Don Kosaken, Jodler und Popmusik anhört. Sein Energiekörper ist den verschiedenartigen Wellen der Mittel so ausgesetzt, daß ein Durcheinander unvermeidbar ist. Da Hochpotenzen oft monate-, ja jahrelang wirken, ist eine solche Person lange auf die Auswirkungen festgelegt und für diese Zeit energetisch nicht zu behandeln.

In Abbildung 18 finden Sie ein Pendelschema, mit dem Sie Potenzen auspendeln können.

Um wirksam zu sein, muß das Heilmittel auf das Maß der Empfänglichkeit des Organismus abgestimmt sein. Homöopathische Heilmittel sind sicher und haben keine Nebenwirkungen, wenn sie korrekt angewandt werden. Sie sind aber potente energetische Mittel, die entsprechend den empfohlenen Indikationen und Dosierungen mit Sachkenntnis und Respekt verwendet werden sollten.

Der Homöopath arbeitet immer mit einem Gesamtbild aller Symptome und Anzeichen im körperlichen, mentalen und emotionalen Bereich. Manche Symptome sind offenkundige Versuche des Körpers, sich selbst zu heilen. Durch kritisches Abwägen wählt der Heiler ein Mittel, das in seinem Rohzustand dieselben Anzeichen und Symptome erzeugen würde. Die Energie des ausgewählten Mittels muß bei einem Test mit dem Pendel eine deutliche Resonanz mit einer Probe des Patienten anzeigen.

Wenn vom Gesetz der Ähnlichkeiten die Rede ist, taucht zwangsläufig die Frage nach der Impfpraxis auf. Dieser Vorgang ist nicht mit der Homöopathie zu vergleichen, bei der das Heilmittel sorgfältig auf den individuellen Fall abgestimmt wird. Bei der Impfung wird den unterschiedlichsten Menschen, ungeachtet ihres Gesundheitszustandes und ihrer persönlichen Empfindsamkeit eine fremde Substanz verabreicht. Es kann unter Umständen zu einem sogenannten »Impfschaden« kommen, von denen man festgestellt hat, daß sie häufig die Ursache bestimmter Funktionsstörungen sind. Dieser Befund ist in den Analyse-Tabellen der Abbildungen 6 und 7 entweder unter »Giftstoffe« oder »Impfschäden« aufgeführt.

Impfungen verändern die elektromagnetischen Schwingungen und das Gleichgewicht des Organismus, genau wie Krankheiten und andere fremde Eindringlinge. Je nach dem individuellen Gesundheitszustand können Symptome und Probleme viele Jahre später auftauchen, manchmal in einer schwer identifizierbaren Form. Andererseits können Beschwerden aber auch schnell auftreten, wie es gelegentlich bei Kindern nach Impfungen gegen Keuchhusten vorkommt. Impfschäden hat man beobachtet nach Impfungen gegen Pokken, Tollwut, Masern, Kinderlähmung, Grippe, Typhus, Paratyphus und Tetanus.

Der Heiler, der sich der Radiästhesie und Radionik bedient, findet in der Homöopathie einen nahezu perfekten Partner, da ihm Energien und Schwingungswerte aus seiner Arbeit mit Krankheitszuständen, die auf Ungleichgewichten beruhen, bereits vertraut sind. Es gibt sogar ein von Malcolm Rae in England entwickeltes Gerät, das international anerkannt ist und homöopathische Heilmittel simulieren kann. Dazu werden über 1500 Heilmittel-Karten angeboten. Das Gerät, das ich in Kapitel 7 erwähnt habe, heißt Mark III-Potenz-Aufbereiter oder -Simulator (siehe Abbildung 5) und ist in mehreren Modellen erhältlich. Zusätzlich gibt es ein Gerät für zwei Proben, das eine Substanz duplizieren – »klonen« – kann. Die Zubereitung des Heilmittels braucht wenig Zeit, meist nicht mehr als sechs bis zehn Minuten. Die Karten und Geräte sind klein und transportabel.

Die folgende Liste homöopathischer Heilmittel wird grundsätzlich für die Erste Hilfe-Ausstattung oder Hausapotheke empfohlen. Natürlich birgt jedes dieser Heilmittel eine Fülle weiterer Anwendungsmöglichkeiten, die in der Fachliteratur ausführlicher erklärt werden.

Aconitum Napellus
Bei Trauma mit Angstzuständen, Ruhelosigkeit, Panik oder einer Kombination von diesen; Schmerz oder Schock von Fremdkörpern im Auge; Symptomen wie hoher Temperatur, trockener Haut, starkem Durst verbunden mit **plötzlich auftretenden** Kälteschüben.

Apis Mellifica
Empfohlen bei Insektenstichen, Sonnenbrand und Nesselausschlag; bei Hautjucken, gereizter Haut, starker Rosa-Färbung mit Schwellung und Brennen (kann mit kalten Umschlägen gelindert werden).

Arnica Montana
Lindert alle Schmerzen, die auf ein Trauma mentaler oder körperlicher Natur zurückgehen; Verstauchungen, Sturzverletzungen, schmerzhaftes Heilen von Brüchen, Blutergüsse, Muskelschmerzen; lindert Schock und dessen Folgen; **sehr nützlich**.

Arsenicum Album
Bei Magen-Darm-Beschwerden, Erbrechen; Durchfall nach Lebensmittelvergiftung; plötzlichem Hautausschlag, der sich unter Wärmeeinwirkung bessert.

Belladonna
Bei **plötzlichem** Anfall von Erkältung mit Halsentzündung, hoher Temperatur, Schweißausbruch im Gesicht, Verstopfung, Klopfen in den Blutgefäßen.

Bryonia
Bei Völlegefühl nach übermäßigem Essen; Verletzungen mit starken Schmerzen bei Bewegung.

Calendula Officinalis
Bei Schnitten, Hautabschürfungen, geringfügigen Blutungen, Sonnenbrand; erhältlich als Salbe, Tinktur und Lotion; **ein hervorragendes Heilmittel.**

Carbo Vegetabilis
Bei Verdauungsproblemen, Blähungen im Oberbauch, Blähungen nach Genuß von Wein und fetten Speisen.

Chamomilla (deutsche)
Löst Gereiztheit und Schmerzen bei zahnenden Kindern.

Cocculus Indicus
Bei Reisekrankheit mit Übelkeit und Schwindel; streßbedingter Schlaflosigkeit.

Coffee Cruda (ungerösteter Kaffee)
Bei Schlaf- und Ruhelosigkeit bedingt durch Erschöpfung oder Aufregung; steigert die Aktivität der Nerven und Gefäße.

Hypericum
Für jedes Trauma, das mit Nervenschmerzen verbunden ist, Zahnbehandlung (Ziehen), Fingerquetschung, Nadelstiche; wenn der Schmerz bei Berührung oder Bewegung des verletzten Bereichs zunimmt.

Ipecacuanha
Bei anhaltender Übelkeit und Erbrechen, Durchfall, übermäßigem Speichelfluß bei reiner, unbelegter Zunge.

Ledum
Bei Verletzungen wie Einstichen, Schnitten, »Blauem Auge«, Insektenstichen, um heftige Schmerzen aufzulösen, insbesondere, wenn verletzte Bereiche kalt sind.

Nux Vomica
Heilmittel für viele Beschwerden, die eine Folge des modernen Lebens sind, z. B. Unwohlsein von übermäßigem Essen und Trinken; **das** Vielzweckmittel überhaupt (die meisten Symptome ähneln denen gewöhnlicher Krankheiten).

Rhus Toxicodendron
Bei Bänder- und Sehnenrissen an den Gelenken; Besserung durch Bewegung

Ruta Graveolens
Bei Trauma infolge von gerissenen und gezerrten Sehnen, Stoßverletzungen an Knochen, Sehnenscheidenentzündung, Tennisarm; gewöhnlich Besserung durch Bewegung; Augenerschöpfung.

Sepia
Für Probleme während der Menstruation und der Wechseljahre, z. B. Hitzewellen.

Sulphur
Bei ersten Anzeichen von Erkältung, um Fortschreiten der Krankheit zu verhindern oder Dauer und Stärke zu vermindern.

Symphytum Officinal
Bei Trauma im Augen- oder Wangenbereich, bei Schlag auf das Auge; vermindert Bruchschmerzen, wirkt knochenheilend.

Tuja Occidentalis
Bei gewöhnlichen Warzen; häufigem, plötzlichem Urinieren; bei einigen Beschwerden nach Impfungen.

Veratrum Album
Bei starkem Durchfall mit Krämpfen, kalten Schweißausbrü-
chen und Unwohlsein; Erbrechen und heftigem Würgen.

Die 12 Schüssler-Zellsalze

Diese Heilmittel oder Energieträger können für den Anwender
der Radionik und/oder Radiästhesie in den verschiedensten
Fällen hilfreich sein. Obwohl es strittig ist, ob es sich dabei um
echt homöopathische Heilmittel handelt, werden sie in kleinsten, homöopathischen Dosierungen gegeben und im Grunde
genommen auch auf dieselbe Weise hergestellt. Dr. Wilhelm
H. Schüssler, ein deutscher Arzt, dessen Lebensarbeit in der
Rezeptur dieser Zellsalze bestand, erhob den Anspruch auf ein
eigenes therapeutisches System.

Es ist interessant festzustellen, daß die zwölf Salze Bestand-
teile vieler wohlbekannter Heilmittel aus dem Pflanzenreich
sind. Jedes Zellsalz ist verwandt und wirkt gut zusammen mit
bestimmten homöopathischen Mitteln. Es soll auch Entsprechungen zu den Tierkreiszeichen geben.

Die anorganischen Gewebesalze sind äußerst wichtig, wenn
nicht lebenswichtig, für einen ausgeglichenen menschlichen
Körper. Sie stellen die Grundbestandteile auf der Zellebene
dar. Jede Zelle des Körpers besitzt in ihrem Aufbau die zwölf
Salze in einer bestimmten Kombination. Tatsache ist, daß
Struktur und Vitalität der Körperorgane von bestimmten Mengen und dem richtigen Verhältnis ihrer organischen Bestand-
teile abhängig sind. Wir wissen, daß die Zellen eine ständige
Versorgung mit komplexen und einfachen Substanzen, wie
Mineralsalzen, für ein einwandfreies Funktionieren brauchen.
Dr. Schüssler war davon überzeugt, daß jegliche Störung der
molekularen Vorgänge in der Basiszelle, die durch einen Man-
gel an Mineralsalzen verursacht wurde, zu Krankheit führt.
Dem konnte durch Verabreichung winziger Mengen von Sal-
zen abgeholfen werden.

Alle Gewebesalze sind ungefährlich, nicht toxisch und erzeugen keine Abhängigkeit, wenn sie den Richtlinien entspre-

chend benutzt werden. Sie können einzeln oder in speziellen Kombinationen genommen werden. Die Substanzen sind in homöopathischen Apotheken oder von einem Spezialversand für Homöopathie erhältlich. Die Schüssler-Zellsalze sind auch als Erste Hilfe nützlich.

Es folgt eine kurze Beschreibung der Zellsalze, ihrer Hauptwirkungen sowie ihrer Bezüge zu den Tierkreiszeichen. Abbildung 19 liefert das zugehörige Pendelschema.

Astrolog. Zeichen	Biochemisches Salz	Wirkungsbeschreibung
Krebs	Calcium fluoratum Flußspat	Gibt Gewebe Elastizität; fördert Kreislauf.
Steinbock	Calcium phosphoricum phosphorsaurer Kalk	Fördert gesunde Knochen- und Zahnbildung, Knochenheilung, Assimilation von Nahrungsmitteln; lindert Schmerzen beim Zahnen.
Skorpion	Calcium sulfuricum Kalziumsulfat (Gips)	Blutreiniger; hilfreich bei Hautausschlag.
Fische	Ferrum phosphoricum phosphorsaures Eisen	Bestandteil der roten Blutkörperchen; lebensnotwendig für den Sauerstofftransport.
Zwillinge	Kalium chloratum Kaliumchlorid	Nützlich zur Kontrolle von Ablagerungen in den Blutgefäßen; fördert Umwandlung von Albumin in Fibrin; gut bei Erkältungen und Husten.

Astrolog. Zeichen	Biochemisches Salz	Wirkungs- beschreibung
Widder	Kalium phosphoricum phosphoraures Kali	Nervennahrung; hilfreich bei Kopfschmerzen
Jungfrau	Kalium sulfuricum schwefelsaures Kali	Unterstützt gesunde Bildung von Hautgewebe; nützlich bei Bronchialhusten.
Löwe	Magnesium phosphoricum phosphorsaure Magnesia	Wirkt auf Nerven- und Muskelfasern; gut bei Krämpfen und Neuralgien.
Wassermann	Natrium muriaticum Chlornatron	Reguliert Wasserhaushalt des Gewebes.
Waage	Natrium phosphoricum phosphorsaures Natron	Reguliert Säure-Basen-Haushalt; neutralisiert Übersäuerung.
Stier	Natrium sulfuricum schwefelsaures Natron	Scheidet überflüssiges Wasser aus; regt Leber und Bauchspeicheldrüse an.
Schütze	Silicea	Unterstützt Entschlakkung; nützlich bei Entzündungen, Furunkeln, brüchigen Nägeln.

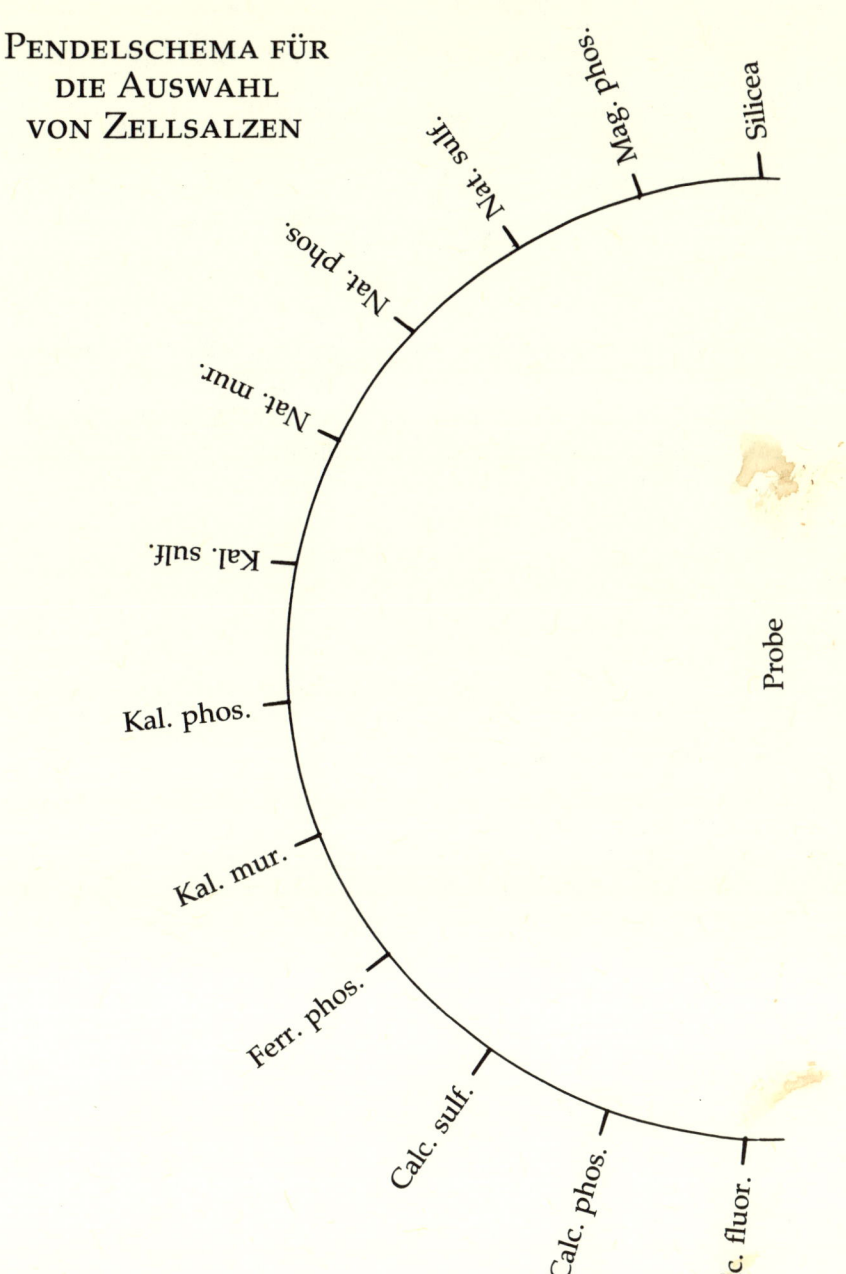

PENDELSCHEMA FÜR
DIE AUSWAHL
VON ZELLSALZEN

Silicea
Mag. phos.
Nat. sulf.
Nat. phos.
Nat. mur.
Kal. sulf.
Kal. phos.
Kal. mur.
Ferr. phos.
Calc. sulf.
Calc. phos.
Calc. fluor.

Probe

Abb. 19

107

9

Die Sieben Kosmischen Strahlen:
Lebensaufgabe und seelischer
Ausdruck

»Erkenne dich selbst« lautet die Inschrift am Orakel von Delphi. Um die Erkenntnis unserer Aufgabe in diesem Leben und um den seelischen Ausdruck geht es in diesem Kapitel. Das Studium der Sieben Strahlen gehört für mich zu den faszinierendsten Dingen überhaupt. Mit Hilfe des Systems der Sieben Kosmischen Strahlen läßt sich der Fortschritt, den jeder einzelne in dieser Lebensschule auf Erden macht, prüfen und besser verstehen. Ich habe in meiner eigenen Arbeit oft festgestellt, daß Patienten dadurch ein tieferes Verständnis ihrer selbst gewinnen und festgefahrene Blockierungen überwinden konnten. Mir scheint, daß Psychologen und Psychiater gut daran täten, diese Aspekte in ihre Arbeit zu integrieren. Die Strahlen können wahre kosmische Erleuchter in der Hand eines fähigen Therapeuten oder Heilers sein.

Die Sieben Energiestrahlen können als aufbauende Kräfte beschrieben werden. Sie sind die Summe all dessen, was im manifestierten Universum existiert. Obwohl wir heute von ihrer Existenz wissen und dabei sind, sie näher zu untersuchen, bleiben ihre Wirkungen in der Welt der Menschen und ihre wesensmäßige Qualität und Natur dem menschlichen Begriffsvermögen noch vorenthalten.

Die Sieben Strahlen können auch als die Verkörperung der sieben Arten von göttlichen Kräften oder Qualitäten interpretiert werden. Da das Göttliche in unterschiedlicher Gestalt erscheint, können sich diese Kräfte z. B. als Ton, Farbe, Duft oder Geschmack äußern. Jeder Strahl hat seine besonderen Eigenschaften, die auf den Seiten 115 ff. beschrieben werden; und er hat, wie alles auf der Welt, positive und negative Aspekte. Unter den negativen Aspekten verstehen wir Untugenden oder Schwächen: Umwege oder Hemmnisse, mit denen wir uns auseinanderzusetzen haben, wenn ein Fortschritt erzielt werden soll.

Jeder Mensch stellt einen Mikrokosmos des universellen Plans dar. Die Strahlen bewirken, daß all diese Energien miteinander verbunden werden, und sie wirken als ordnende, organisierende Kraft in dem Prozeß der Erfüllung der Aufgaben. In diesem Sinne könnten wir uns vorstellen, daß ein einzelner Ton einer Sphärenmusik eine Kettenreaktion von Dingen auslöst, die komplementär zu ihm sind; die Strahlen geben den Anstoß für den Aufbau des Universums von den größeren zu den kleineren Erscheinungen hin.

Das durch die Jahrhunderte übermittelte esoterische Wissen scheint mit dieser Einschätzung übereinzustimmen. Tatsächlich sind alle Informationen vorhanden, niedergeschrieben, überliefert und verfügbar für alle, deren Bewußtsein sie zu entschlüsseln vermag. Außerdem scheint die heutige Wissenschaft, insbesondere die moderne Physik, sich darin einig, daß es tatsächlich nichtidentifizierbare und nichtmeßbare Kräfte gibt.

Die Sieben Strahlen sind dynamisch – sie bewegen sich kreisend in Zyklen und zielgerichtet. Wir können uns wirklich einen großen kosmischen Tanz vorstellen – ständig fließend und in Bewegung, ganz wie es die alten Hindus ausgedrückt haben. Andere nannten es das Yin und Yang des Seins. Bestimmte Strahlen erscheinen zu bestimmten Zeiten in bestimmten Regionen dominanter. Während eines solchen Zeitraums neigen deren spezifische Kräfte und Eigenschaften dazu, stärker in den Vordergrund zu treten.

Da alles Energie ist, steht auch alles unter dem Einfluß dieser Strahlen oder kosmischen Kräfte. Jedes menschliche Energiesystem belegt einen Platz auf einem oder mehreren Strahlen. Das kann auch zu Problemen führen, da eine Persönlichkeit z. B. harmonisch mit einem Strahl schwingt, während der gleiche physische Körper auf einen anderen Strahl eingestimmt sein kann. So können andere Bereiche des Energiesystems eines Menschen verschiedene Strahlen belegen, was zu Blockierungen im Hinblick auf die Aufgabe der Seele führen kann.

Jedes Individuum stellt normalerweise eine Zusammensetzung aus mehreren Strahlen dar. Diese manifestieren sich auf der Ebene der Seele oder des Transpersonalen, auf der mentalen, astralen oder emotionalen sowie auf der physisch-ätherischen Ebene. Die Persönlichkeit, die eine Zusammensetzung der drei niedrigeren Körper darstellt, ist auf einem separaten Strahl angesiedelt. Es gibt natürlich noch Aspekte, die über die Seele hinausführen; was aber die Einbeziehung der Lehre von den Sieben Strahlen in die Patientenberatung angeht, wollen wir an dieser Stelle nicht weitergehen.

Eine gründliche Analyse der Strahlen kann dabei helfen herauszufinden, an welchem Punkt seiner Entwicklung und seines Weges ein Mensch steht und wo seine/ihre Reise hingeht. Ich habe die Erfahrung gemacht, daß es manchmal hilft, wenn man einen Patienten die verschiedenen Strahlen-Merkmale lesen und herausfinden läßt, welche wohl für ihn zutreffen. Ein einfaches Schema zur Selbstanalyse wird in Abbildung 20 gezeigt.

Es gibt zwei Gruppen von Strahlen, jede mit speziellen Eigenschaften.

Die **Strahlen der Aspekte** (Erscheinungen) – eins, zwei und drei – sind die Hauptstrahlen des Willens und der Zielsetzung.

Die **Strahlen der Attribute** (Merkmale) – vier, fünf, sechs und sieben – sind die untergeordneten Strahlen der Qualität und des Charakters. Diese sind Kombinationen der Hauptstrahlen, was die sich überlappenden Eigenschaften erklärt.

Es ist wohl keine Frage, daß ein Leben, das der Erfüllung der seelischen Aufgabe gewidmet wird, sich erheblich von einem Leben unterscheidet, das auf die Entfaltung von Eigenschaften und Charakterzügen ausgerichtet ist. Was wir aus dem Studium der Sieben Strahlen an Erkenntnissen gewinnen, sollte auf **alle** Ebenen des Seins angewendet werden, die feinstofflichen ebenso wie die physischen. Die Strahlenkonfiguration eines Menschen zu entschlüsseln, kann bedeuten, daß er die Aufgabe seiner Seele zumindest für die gegenwärtige Inkarnation begreift.

Nach Pythagoras und Newton gilt die folgende Notenskala für spezielle Farben, die dann mit den Strahlen zur Deckung gebracht werden können. Hinsichtlich der Zuordnung von Musiknoten und Farben bietet sich dem Leser von esoterischer Literatur eine verwirrende Fülle von Informationen, die sich zum Teil sogar widersprechen. Hier können Sie sich nur von Ihrer Intuition leiten lassen.

Violett	B	Gelb	E
Indigo	A	Orange	D
Blau	G	Rot	C
Grün	F		

Alice Bailey führt in dem Buch »Esoterische Psychologie I« esoterische und exoterische Farben für jeden Strahl auf. In den Übersichten zu den einzelnen Strahlen am Ende des Kapitels habe ich die Farben nach Hodson, Tansley und Bailey zusammengestellt. Bei meiner eigenen Arbeit mit der Strahlen-Analyse habe ich herausgefunden, daß Meditationstechniken, bei denen man sich insbesondere auf das Symbol des Seelen-Strahls, auf die Musiknote und die Farbe des Strahls konzentriert, dazu beitragen, den Einfluß des Seelen-Strahls so zu verstärken, daß er hilft, Blockaden zu überwinden. Schließlich sind wir hier auf der Erde aus einem Grund, den die Seele kennt. Wie könnten wir sie besser stimulieren, als ihre Strahlen-Schwingung oder Musiknote erklingen zu lassen?

Wie hilfreich uns die Radiästhesie bei der Bestimmung von Resonanz-Techniken und Strahlen-Kombinationen sein kann, liegt auf der Hand. Jedoch muß der Pendler dabei sehr klar und bewußt sein.

Wenn Sie sich näher mit den Strahlen befassen, werden Sie feststellen, daß bestimmte Strahlen Affinitäten zu anderen Strahlen haben. Dies gilt für eins und sieben, zwei und sechs, und drei und fünf. Man sagt, daß die ersten drei Strahlen die seelische Seite der letzten drei sind, welche die Form repräsentieren. Der vierte Strahl bildet eine Brücke zwischen den verwandten Paaren und den zwei Gruppen.

In *The 7 Human Temperaments* von Geoffrey Hodson finden sich Symbole zu den Strahlen, die sich bei der Arbeit mit den

Strahlen und der Energieprojektion als sehr nützlich erweisen können.

Die Strahlen regieren auch bestimmte Chakras. Sie sind die Energie, die durch diese Kraftzentren fließt. Sie sind die Kraft und bestimmen zugleich die Funktion und Wirkung eines Chakras. Wegen der besonderen Natur der feinstofflichen Körper wechseln aber die regierenden Strahlen etwas auf den feineren Ebenen. Es ist wichtig, sich dessen bewußt zu sein und diese Kenntnis anzuwenden, wenn man mit den Strahlen arbeitet, um spezielle Energien zur Wirkung zu bringen.

Strahl	Ätherebene des Chakras	Astralebene des Chakras
1	Krone	Krone
2	Herz	Herz
3	Kehle	Kreuzbein
4	Stirn	Wurzel
5	Kreuzbein	Kehle
6	Solarplexus	Solarplexus
7	Wurzel	Stirn

Sie werden sich erinnern, daß jedes Chakra sämtliche Körper durchdringt. Dies gilt für die sieben Hauptchakras ebenso wie für die anderen Chakras. Auf verschiedenen feinstofflichen Ebenen kommt es zu Veränderungen der Merkmale, was sich aus den jeweils zugehörigen Strahlen ableiten läßt. Wichtig zu wissen ist, daß der Astralkörper die Ebene ist, von der die meisten menschlichen Schwierigkeiten ihren Ausgang nehmen. Eine Behandlung auf dieser Ebene kann bisweilen äußerst hilfreich sein.

In der letzten Zeit scheinen etliche »Channelmedien« durch ihre Geistführer auf neue Strahlen aufmerksam gemacht worden zu sein. Ich bin diesbezüglich vorsichtig, da dieses Material neu und nicht wie die esoterische Literatur Gegenstand langjähriger Überprüfung war. Es heißt aber, daß uns diese Informationen jetzt gegeben werden, um den menschlichen Entwicklungsprozeß beschleunigen zu helfen, indem uns zusätzliche kosmische Kräfte angeboten werden. Die Informationen weisen auf die Existenz von fünf oder möglicherweise

Die Sieben Kosmischen Strahlen
Pendelschema für die Selbsteinschätzung

Ebene **Dominante Persönlichkeitsmerkmale**

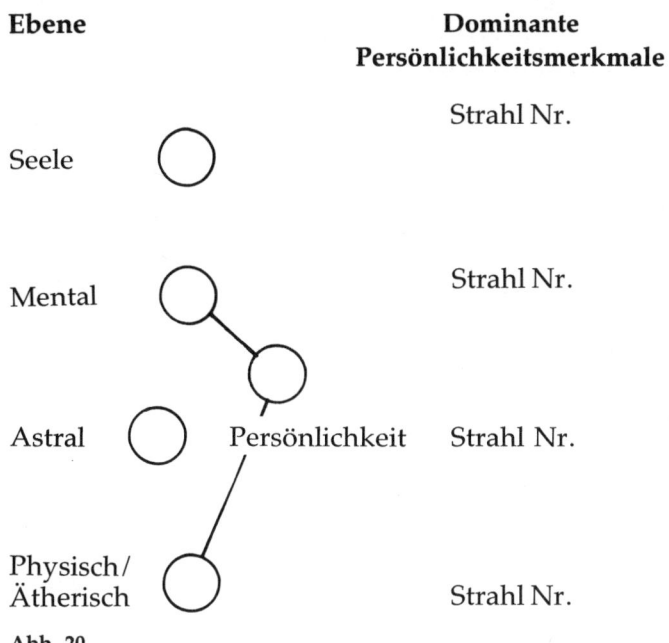

Seele Strahl Nr.

Mental Strahl Nr.

Astral Persönlichkeit Strahl Nr.

Physisch/ Ätherisch Strahl Nr.

Abb. 20

Ausführung: Studieren Sie die Ausführungen zu jedem Strahl und notieren Sie die Merkmale, die Ihnen als zutreffend erscheinen, die Sie als Aspekte Ihres Wesens wiedererkennen. Wenn Sie das Gefühl haben, daß ein Aspekt abgedeckt ist, tragen Sie in den entsprechenden Kreis die Nummer des Strahls ein, der am ehesten Ihrem momentanen Entwicklungsstand entspricht. Nachdem Sie jeden Aspekt Ihres Selbst durchgegangen sind, könnten Sie auch versuchen, Ihre Strahlen zu erpendeln. Vergleichen Sie die Ergebnisse, stellen Sie die Unterschiede fest. Gehen Sie mit Ihrer Aufmerksamkeit nach innen. Betrachten Sie dies als eine Übung, um sich mit den Strahlen vertraut zu machen und ein Gefühl dafür zu entwickeln, wie sie Ihre Entfaltung beeinflussen.

mehr neuen Strahlen hin, die ihrem Wesen nach eine völlig andere Funktion zu haben scheinen als sie die sieben aufbauenden Hauptstrahlen besitzen. Sie scheinen als reinigende Lichtkräfte zu dienen. Strahlen, die uns helfen, den Kontakt zu höheren Reichen herzustellen, damit wir in das Neue Zeitalter hineinwachsen. Dies sei hier nur erwähnt, um das Denken in dieser Richtung zu fördern.

Sicher ist Ihnen mittlerweile klargeworden, welche Fülle an Informationen auf diesen Gebieten verfügbar ist. Ich habe die Hoffnung, daß dieses Buch Anfänger dazu anregt, tiefer in all diese Bereiche einzutauchen und zu erkennen, welche Verbesserungen und Veränderungen nottun. Wir leben in einer Zeit, da sich die Bedingungen für das Heilen auf diesem Planeten rasch verändern. Während es für die Menschen zunehmend schwieriger wird, Ausgeglichenheit und Harmonie zu bewahren, öffnen sich immer größere Kreise für neue Ansichten und Verfahrensweisen, gegen allen Druck von seiten spezieller Interessengruppen und sich rasch verschlechternder Umweltbedingungen. Dieser Prozeß der Veränderung kann nur zunehmen und um sich greifen, wenn jeder die Verantwortung für seine eigene Gesundheit übernimmt und seine Heilmethoden und Heiler frei wählen kann. Letztlich aber sollte jeder seine eigenen latenten Fähigkeiten entdecken und sie nach Kräften in der Praxis weiterentwickeln.

114

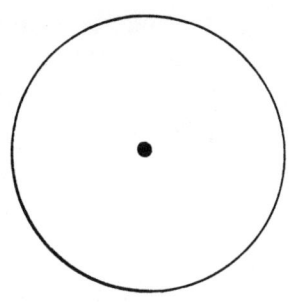

ERSTER STRAHL

»Am Anfang steht der Wille.«

ALICE BAILEY

Der Einfluß dieses Strahles drückt sich aus in:

Eigenschaften	Kraft, Wille, Mut, Selbstvertrauen
Menschentyp	Herrscher, Soldat, Entdecker, Staatsmann, Anführer
Höchstes Gut/Übel	Kraft, Stärke/Schwäche, Unterwerfung
Antriebsimpuls	Erobern, erreichen, das Letzte herausholen, in Notzeiten zur Hochform auflaufen
Höchstes Ziel	Sieg, Allmacht, Hochgefühl der Macht, Königtum, Beherrschung der Natur und der äußeren Person, Wille als selbstloser und müheloser Ausdruck des Einen Willens
Lehrmethode	Die Wahrheit erfahren, den Schüler ganz auf sich allein stellen, Exil
Methode zur Erlangung des Ziels	Konzentration auf Willenskräfte, bezwingen, zerstören, den eigenen Willen zur höchsten Autorität, den eigenen Weg zu **dem** Weg erklären, Disziplinierung der Untergebenen

Schwächen, Untugenden	Tyrannei, Eigensinn, Stolz, Dominanz, Geringschätzung, Egoismus, Machthunger, Rigidität, Extravaganz, Individualismus
Leidensquellen	Niederlage, Degradierung, Abschiebung, Demütigung, Unterordnung, Exil
Verwandte Religion	Hinduismus
Kunst	Tanz, Erfinden von Tänzen
Edelstein	Diamant
Farben	Feuerweiß, Elektrisch-blau, Zinnoberrot, Orange
Musiknote	C

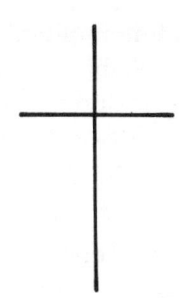

ZWEITER STRAHL

»Der Christus oder Vishnu-Aspekt; es ist der empfindungsfähige Bewußtseins-Aspekt des Göttlichen in der Form.«

ALICE BAILEY

Der Einfluß dieses Strahls drückt sich aus in:

Eigenschaften	Universelle Liebe und Weisheit, Erkenntnis, Intuition, Philantrophie, Gefühl des Einsseins, spirituelle Sympathie, Kooperationsbereitschaft
Menschentyp	Der Weise, Heiler, Lehrer, Reformator, liebt Mitmenschen und alles, was lebt
Höchstes Gut/Übel	Weisheit und Liebe/Haß
Antriebsimpuls	Erretten, erhellen, lehren, teilen, heilen
Höchstes Ziel	Volle, ungeteilte Verwirklichung von Einheit, erfolgreiche Weitergabe von Weisheit, Allwissenheit, beständiges Erweitern der Erfahrung von Einheit
Lehrmethode	Wissen teilen, von innen erhellen, Glückseligkeit schenken
Methode zur Erlangung des Ziels	Intuitive Erkenntnis und Wahrnehmung, Selbsterhellung, besiegen, verhandeln, Widerstandslosigkeit, die andere Wange hinhalten

117

Schwächen, Untugenden	Sentimentalität, Empfindlichkeit, Unpraktikabilität, Aufopfern für andere (wobei deren Selbstvertrauen untergraben und ihre Selbstsucht gefördert wird), Betonung der Lebenskraft unter Vernachlässigung der äußeren Form
Leidensquellen	Gebrochenes Herz, Einsamkeit, Isolation, Ausschluß, vernachlässigter und zerbrochener Glaube und Vertrauen, Gefühlskälte, Unloyalität, Fehlbeurteilung
Verwandte Religion	Buddhismus
Kunst	Musik; bewahrende, harmonisierende Künste
Edelstein	Saphir
Farben	Azurblau, Indigo
Musiknote	G

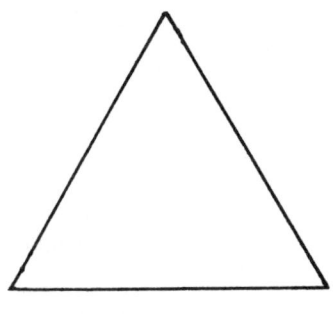

DRITTER STRAHL

»Die Unterscheidung zwischen Erscheinungsformen und Kräften ist unwirklich, außer für den Zweck des verstandesmäßigen Begreifens ...«

ALICE BAILEY

Der Einfluß dieses Strahls drückt sich aus in:

Eigenschaften	Erkenntnisvermögen, Verständnis, durchdringende, interpretierende Verstandeskraft, Anpassungsfähigkeit, Takt, Würde und Unvoreingenommenheit
Menschentyp	Philosoph, Gelehrter, Richter, Botschafter, Diplomat, Astrologe
Höchstes Gut/Übel	Verständnis/starre Geisteshaltung
Antriebsimpuls	Schöpferisches Tun, verstehen wollen
Höchstes Ziel	Erkenntnis der Wahrheit; Besitz von Wahrheit und Schöpferkraft als Ergebnis langer Betrachtungen
Lehrmethode	Erklärung von Prinzipien, Unpersönlichkeit, Anpassung von Methoden an individuelle Bedürfnisse

Methode zur Erlangung des Ziels	Ausgiebiges logisches Denken; rechtes Verstehen führt zu rechtem Handeln, Zweckdienlichkeitsdenken
Schwächen, Untugenden	Das Sehen zu vieler Seiten, Unentschlossenheit, Grausamkeit, Listigkeit, Gefühlskälte, Intrigieren, Reserviertheit, mangelnde Unterstützungsbereitschaft in einer Krise, Dilettantismus, bewußte Täuschung, skrupelloses Betrügen
Leidensquellen	Würdelosigkeit, erwiesene Inkompetenz, Dunkelheit
Verwandte Religion	Chaldäische, ägyptische Religion
Kunst	Literatur, Poesie, Rhetorik
Edelstein	Smaragd
Farben	Grün, Gelb
Musiknote	F

VIERTER STRAHL

»Dies ist der Strahl der Harmonie ... auch eine Harmonie, die durch die Überwindung von Konflikten entsteht. Ein sehr wichtiger Strahl, da er uns den Schlüssel zur Frage nach dem Sinn von Schmerz und Leiden liefert.«

ALICE BAILEY

Der Einfluß dieses Strahls drückt sich aus in:

Eigenschaften	Stabilität, Harmonie, Ausgeglichenheit, Schönheit und Rhythmus
Menschentyp	Künstler (Medium des Ausdrucks wird beeinflußt durch den untergeordneten Strahl), Vermittler, Interpret, Dolmetscher
Höchstes Gut/Übel	Schönheit/Häßlichkeit
Antriebsimpuls	Verschönern wollen
Höchstes Ziel	Harmonie, Ausgewogenheit, perfekte Wiedergabe, Wahrnehmen des Schönen
Lehrmethode	Inszenierung, Illustration, etwas durch Schönheit und rhythmische Sprache erheben
Methode zur Erlangung des Ziels	Inszenierung, schöne Erscheinung, körperliche Vollkommenheit, Charme

Schwächen, Untugenden	Wechsel, Schwanken zwischen Verzweiflung und höchster Begeisterung, Sinnenfreudigkeit, Pose, Selbstüberschätzung, Zügellosigkeit
Leidensquellen	Frustration, Mangel an perfekter Ausdrucksfähigkeit
Verwandte Religion	Orphische, ägyptische Religion
Kunst	Oper
Edelstein	Jaspis
Farben	Gelb, bronzefarbenes Orange
Musiknote	E

FÜNFTER STRAHL

»Dieser Strahl zeigt sich zum Beispiel als der Offenbarer des Weges . . ., auf dem der Mensch lernt, alles erworbene Wissen der ›göttlichen Form‹ in einer Weise zu gebrauchen, daß das innere Wesen versorgt und das äußere zum faszinierenden Ausdruck des göttlichen Lebens wird.«

ALICE BAILEY

Der Einfluß dieses Strahls drückt sich aus in:

Eigenschaften	Analytisches und logisches Denken, Genauigkeit, Geduld
Menschentyp	Wissenschaftler, Rechtsanwalt, Mathematiker, Alchimist
Höchstes Gut/Übel	Wahrheit, Wissen, Tatsachen/Unwahrheit, Ignoranz, Fehlurteil
Antriebsimpuls	Entdecken wollen, Wissensdurst
Höchstes Ziel	Wissen, Berauschen an geistiger Meisterschaft
Lehrmethode	Tabellen, Übersichten, einleuchtende Erklärungen, Diagramme, Details, Genauigkeit entwickeln

Methoden zur Erlangung des Ziels	Denken, suchen, forschen, probieren, experimentieren, geduldige Beobachtung, Berechnung von Fakten und präzises Schlußfolgern
Schwächen, Untugenden	Visionsarmut, Ichbezogenheit, Mangel an Zeitgefühl, Stolz, Geiz, Kritiksucht, Hinterhältigkeit, Gefühlskälte, einspuriges Denken, Pedanterie, Haarspalterei, Neugier, Gemeinheit, Absonderung, anspruchsvoll, Betonung der äußeren Form unter Vernachlässigung des Lebens
Leidensquellen	Verachtung, geistige Niederlage, Nachweis von Irrtümern
Verwandte Religion	Zoroastrismus
Kunst	Malerei
Edelstein	Topas
Farben	Gelb, Orange, Grün
Musiknote	D

SECHSTER STRAHL

»Er drückt Gottes Begehren aus und ist die Basisenergie, die von der kosmisch-astralen Ebene ausströmt. Er birgt das Mysterium, das in der Beziehung zwischen Wille und Begehren liegt.«

ALICE BAILEY

Der Einfluß dieses Strahls drückt sich aus in:

Eigenschaft	Zielgerichtetheit, Eifer, feurige Begeisterung, Hingabe, Loyalität, aufopfernde Liebe
Menschentyp	Heiliger, Mystiker, Verehrer, Märtyrer, Prediger, Dienender, loyaler Freund
Höchstes Gut/Übel	Einheit und eine Sache oder Person, die den Einsatz lohnt, Loyalität, Treue/Illoyalität, Getrenntsein, Individualismus
Antriebsimpuls	Dienen und anbeten, die Sache/Person verehren
Höchstes Ziel	Selbstaufopferung, Schauer der Verehrung, Märtyrertum, Dienen, Freundschaft
Lehrmethode	Entzünden, inspirieren, Heldenverehrung erwecken

Methode zur Erlangung des Ziels	Ausrichtung auf ein Ziel
Schwächen, Untugenden	übermäßige Gefühlsbetroffenheit, Impulsivität, geistige Enge, Intoleranz, Fanatismus, blinde Hingabe an Persönlichkeiten, Verweigerung oder Mißachtung des Intellekts, Sinnlichkeit
Leidensquellen	Illoyalität der Personen, in die man Liebe und Vertrauen setzt; mißverstanden und falsch beurteilt werden, Melancholie, zerstörte Ideale
Verwandte Religion	Christentum
Kunst	Architektur (erstarrte Musik)
Edelstein	Rubin
Farben	Violett, Rosa, rosafarbenes Feuer
Musiknote	H

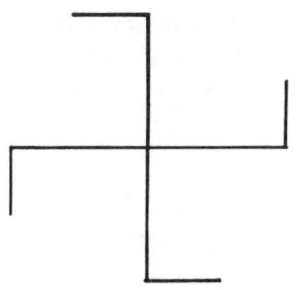

SIEBTER STRAHL

»Die Energie des Siebten Strahls ist die Energie, die benötigt wird, damit aus Chaos Ordnung entsteht und Rhythmus an die Stelle von Verwirrung tritt. Es ist die Energie, die die Ordnung in die neue Welt bringen wird, auf die alle Menschen warten.«

ALICE BAILEY

Der Einfluß dieses Strahls drückt sich aus in:

Eigenschaften	Anmut, Präzision, geordnete Schönheit, Ritterlichkeit, Würde, hohe Gesinnung, Ordentlichkeit, Beachtung jedes Details, Pracht
Menschentyp	Priester, Magier, Ritter, Politiker, Hersteller, Zeremonienmeister, Ritualist
Höchstes Gut/Übel	Ordnung/Unordnung
Antriebsimpuls	Nutzbar machen, in die Erscheinung bringen
Höchstes Ziel	Geordnete Pracht, Freude an der vollkommenen Zentriertheit – vom Spirituellen bis zum Körperlichen
Lehrmethode	Inszenierung, geheiligte Sprache
Methode zur Erlangung des Ziels	Geordnete Synthese

Schwächen, Untugenden	Formalismus, Freude an Position und Macht, Politik machen, Menschen als Werkzeuge benutzen, Bürokratie, Extravaganz, Reglementierung, peinlich genaues und mechanisches Ausüben von Zeremonien
Leidensquellen	Demütigung, Verlust der äußeren Macht und Show, Frustration, Grobheit, Unhöflichkeit, ablehnende Kritik von einem Geringeren
Verwandte Religion	Freimaurerei, ritualistische Aspekte aller Religionen
Kunst	Bildhauerei
Edelstein	Amethyst
Farben	Lila, Violett, Indigo
Musiknote	A

(Die Kategorien in den Tabellen der Sieben Strahlen sind überwiegend entnommen aus: Geoffrey Hodson, »The 7 Human Temperaments«, The Theosophical Publishing House, Adyar, Madras, Indien.)

Anhang

TECHNIKEN ZUM REINIGEN UND KLÄREN

WIE MAN DEN GEIST KLÄRT UND ZUR RUHE BRINGT

In dem Kapitel über die Radionik habe ich die Technik des Fokussierens auf die Flamme einer Kerze als eine ausgezeichnete Übung erwähnt. Diese »Jyoti-Meditation« genannte Technik wird von Sri Sathya Sai Baba als sehr zuverlässig empfohlen. Baba sagt, daß viele Gefahren der Meditation innewohnen, weil der Lehrer oder Meister sich in den meisten Fällen weder selbst völlig verwirklicht hat noch **aller** Gefahren bewußt ist. Er sagt weiter, daß **heute** Gott der einzig authentische und sichere Führer ist.

Deswegen werden Sie feststellen, daß der erste Schritt in die Jyoti Meditation ein Gebet ist – zu Gott oder zu einer Wesenheit oder Kraft, die für den Meditierenden das Höchste Absolute verkörpert.

Die Jyoti Meditation

1. Bitten Sie Gott, Ihre Meditation anzunehmen und zu leiten.

2. Nehmen Sie eine bequeme Sitzhaltung ein, bei der die Wirbelsäule ganz aufgerichtet ist, und schauen Sie mit leicht geschlossenen Augen in die Flamme einer Kerze.

3. Fahren Sie darin fort, bis Ihr Atem langsam und gleichmäßig wird.

4. Machen Sie so lange weiter, bis Sie die Flamme mit geschlossenen Augen visualisieren können.

5. Bringen Sie die Flamme durch Visualisieren in alle Teile Ihres Körpers, indem Sie das Licht zuerst von der Stirn zum Herzen bringen. Dann stellen Sie sich vor, wie sich die Lotosblüte Ihres Herzens öffnet, um alle Gedanken und Emotionen im Licht zu reinigen. Das entfernt alles Dunkle, da das Licht weitergeht und alle Bereiche Ihres Körpers erhellt. Keine Unreinheiten können in dieser reinen Flamme existieren, so daß Ihre Reinigung stattfindet, indem Sie die Flamme wandern lassen.

6. Lassen Sie die Flamme nun weiterwandern, um Freunde, die Familie und die Welt zu segnen.

7. Dann bringen Sie die Flamme zurück in Ihr Herz und halten sie dort eine Weile. Sitzen Sie ganz ruhig.

8. Abschließend schicken Sie Liebe und Dankbarkeit zu Ihrer Gottheit.

»Meditation ist der Name für die Zeit der Ruhe, die wir dem vielbeschäftigten und unsteten Geist gönnen.«

SRI SATHYA SAI BABA

REINIGUNG FÜR KÖRPER UND FÜR NAHRUNGSMITTEL

Es scheint, daß wir heute von allen Seiten von Dingen angegriffen werden, die den menschlichen Körper gefährden. Sogar ein organischer Gartenbau kann keinen Schutz vor Schadstoffen mehr gewährleisten. Die Schadstoffe wirken nachweislich schwächend, manchmal tödlich auf den menschlichen Körper und andere lebende Organismen. Selbst das sogenannte sichere Trinkwasser, das wir trinken, kann toxische Stoffe von Aussickerungen oder unsachgemäßer Abfallagerung enthalten. Immer mehr Fälle, wie das Auslaufen von Giftstoffen der Firma Ciba Geigy 1987 in den Rhein und der Nuklearunfall in Tschernobyl 1986, werden bekannt und zeigen uns, wie sehr wir bedroht sind. Aber es gibt glücklicherweise Dinge, die wir tun können. Die folgenden Empfehlungen für die Reinigung des Körpers und der Lebensmittel sind einfach und haben sich in vielen Fällen als hilfreich erwiesen.

Es gibt eine Anzahl von Bädern zur Reinigung von toxischen Stoffen und Giften – wie Metallen, Pestiziden, ja sogar Strahlung. Clorex ist ein hilfreiches Mittel. Jahrelang haben Lebensgemeinschaften in abgelegenen Gebieten dieses Produkt zur Reinigung von Wasser benutzt. Die biochemische Erklärung dafür ist, daß Chlorex die Eigenschaft besitzt, freie Sulfhydryl-Gruppen, also potentielle Bilder von Radikalen, zu oxidieren und damit in Bisulfide zu verwandeln. Man kann Lebensmittel wie Früchte und Gemüse in Chlorex-Bädern reinigen. Dadurch lassen sich einige der gefährlichen Schadstoffe entfernen, die sich in unseren Nahrungsmitteln auf dem Weg vom Samen bis zum Verbraucher ansammeln. Hydrogenperoxid ($H2O2$) kann als 3%ige Lösung ebenfalls für diesen Zweck benutzt werden.

REINIGUNGSBAD FÜR FRÜCHTE UND GEMÜSE

Folgen Sie genau den Anweisungen und nehmen Sie für jedes Bad frisches Wasser. Geben Sie ½ TL Chlorex auf ca. 4 Liter Wasser. Wenden Sie folgende Einweichzeiten an: 10 Minuten für dünnschalige Gemüse und Früchte oder Blattgemüse. 15–20 Minuten für dickschalige Früchte und Wurzelgemüse.

Ersatzweise kann Hydrogenperoxid (3%iges H_2O_2) wie folgt genommen werden: ¼ Tasse auf ein Spülbecken kaltes Wasser. 20 Minuten Einweichzeit für dünnschalige Früchte/Gemüse, 30 Minuten für dickschalige Früchte/Gemüse.

Nehmen Sie die Früchte oder das Gemüse aus dem Wasser und spülen Sie 10–15 Minuten mit frischem Wasser. Dann trocknen und lagern Sie die Lebensmittel. Zu lange eingeweichtes Gemüse wird durch die Oxidation weich und farblos. Sie werden feststellen, daß diese Behandlung das Aussehen und die Lagerungsfähigkeit des Produkts verbessert.

Hinweis:
Nehmen Sie nicht mehr Chlorex als im Rezept angegeben und überschreiten Sie nicht die Anwendungszeiten.

REINIGUNG DES KÖRPERS
BEI METALLVERGIFTUNG

Nehmen Sie 1 Tasse unverdünntes Chlorex (oder 7%iges Javelle-Wasser) auf eine randvolle Badewanne mit Wasser, das so heiß ist, daß es noch erträglich ist. Ruhen Sie solange im Wasser, bis es Ihre Körpertemperatur erreicht hat. Das dauert normalerweise 30 Minuten. Nehmen Sie das Bad, bevor Sie zu Bett gehen und duschen Sie nicht bis zum nächsten Morgen. Viele Menschen nehmen regelmäßig solche Bäder als routinemäßigen Schutz, da wir alle toxischen Metallen wie Aluminium, Blei und Quecksilber ausgesetzt sind. (Homöopathische Zubereitungen können ebenfalls zur Reinigung von toxischen Metallen genommen werden.)

REINIGUNG DES KÖRPERS BEI STRAHLUNG

Nehmen Sie ein Pfund Seesalz und ein Pfund Natrium-Bicarbonat auf eine randvolle Badewanne mit möglichst heißem Wasser. Folgen Sie den Anweisungen für das Chlorex-Bad. Dieses Bad hilft die Übersäuerung durch Röntgenstrahlen oder andere Strahlung zu neutralisieren.

Bei **starker Verstrahlung** kann das folgende Getränkerezept helfen:

Mischen Sie 1 Liter destilliertes Wasser mit 1 TL Seesalz und 1 TL Natrium-Bicarbonat. Mischen Sie gut und teilen Sie es auf vier 0,25-Liter-Gläser auf. Trinken Sie die ersten beiden Gläser im Abstand von einer Stunde. Die nächsten beiden Gläser trinken Sie jeweils nach 2 Stunden. Falls Sie mehr benötigen, um die Symptome zu neutralisieren, trinken Sie in Abständen von 3 Stunden. (Drei Kalzium-Laktat-Tabletten können zusätzlich mit jedem Glas genommen werden.)

Auch andere Bäder sind zu empfehlen. Bäder mit ätherischen Ölen, Kräuterauszügen und Apfelessig können sowohl zur Entgiftung als auch bei schmerzenden und müden Muskeln helfen. Apfelessig-Bäder sind nützlich in Fällen von Beeinträchtigung durch Luftverschmutzung (Kohlenmonoxyd).

Hinweis:
In allen Fällen, in denen natürliche Heilmethoden angewendet werden, damit sich der Körper toxischer Stoffe und Gifte entledigt, die sich über einen längeren Zeitraum angesammelt haben, ist es normal, daß es zu verschiedenen Reaktionen kommt. Dies kann vorübergehende Ausschläge, Pickel, Frieren, Fieber oder andere Unwohlzustände einschließen. In Fällen starker Vergiftung soll sich sogar das Badewasser verfärbt haben.

Bezugsquellen

Die Zeitschrift Radionic Quarterley, das Organ der British Radionic Ass., kann abonniert werden bei:	The Secretary Radionic Association 16 a North Bar Banbury, Oxon, OX16 0TF, England
Radionik-Geräte, Rae-Karten:	Magneto Geometric Applications 45 Dowanhill Road Catford, London SE615X, England
Informationen deutscher Heilpraktiker:	Fachverband deutscher Heilpraktiker e. V. Giselastrasse 4 8000 München 40
Psychotron u. a.:	United States Psychotronic Association (energy research & equipment) 3449 Montrose Avenue Chicago, Illinois 60618, USA
Magnetron:	University of the Trees Press P. O. Box 66 Boulder Creek California 95006, USA
SE 5:	Aquarian Systems Inc. P. O. Box 575 Placitas, New Mexico 87043, USA
Farblampen (Farbtherapie) und anspruchsvollere (teurere) Radionik-Geräte:	WRAGE Versandservice Schlüterstr. 4 2000 Hamburg 13
Bach-Blüten-Essenzen:	Dr. Edward Bach-Centre, German Office Eppendorfer Landstr. 32 2000 Hamburg 20
	Dr. Edward Bach-Centre, Swiss Office Alte Landstr. 57 CH-8700 Küsnacht
Homöopathische Heilmittel und Mineralsalze (Schüsslersalze):	DHU Arzneimittel Postfach 41 02 80 7500 Karlsruhe 41

LITERATUR

Allgemeines

Bailey, Alice A.: *Eine Abhandlung über die Sieben Strahlen*. Bd. I und II: »*Esoterische Psychologie*«. Lucis Press, London. (Bd. I [3]1986; Bd. II [2]1973.)
dies.: »*Eine Abhandlung über Kosmisches Feuer*«. Lucis Press, London, 1982.
dies.: »*Eine Abhandlung über Weisse Magie*«. Lucis Press, London, [5]1987.
Harner, Michael, *Der Weg des Schamanen. Ein praktischer Führer zu innerer Heilkraft*. Reinbek 1986.
Hodson, Geoffrey, *In den Sphären des Lichtes*. Aquamarin, Grafing/Schweiz, 1985.
Jurriaanse, Aart: *Bridges*. Sun Centre, School of Esoteric Philosophy, Cape, Südafrika 1978.
Joy, William B.: *Weg der Erfüllung. Selbstheilung durch Transformation*. Ansata, Interlaken, [2]1987.
Krystal, Phyllis: *Die inneren Fesseln sprengen. Befreiung von falschen Sicherheiten*. Walter, Olten 1989.
Sabetti, Stephano: *Lebensenergie. Erscheinungsform und Wirkungsweise – ein ganzheitliches Modell*. Reinbek 1987.
Study Group: *Spirituality and Science*. Sri Sathya Sai Baba Trust Bombay 1985.

Radiästhesie und Radionik

Juriaanse, D.: *Das praktische Pendelbuch. Mit 40 Pendelkarten*. Hugendubel, München [4]1988.
Georg Kirchner: *Pendel und Wünschelrute. Handbuch der modernen Radiästhesie*. Ariston, Genf 1977.
Lonegren, Sig: *Das Pendel-Set. Ausführliches Anleitungsbuch mit Ihrem persönlichen Pendel*. München 1990.
Mermet, Alexis: *Der Pendel als wissenschaftliches Instrument. Eine Einführung in die Pendellehre und eine Anleitung zum Gebrauch des Pendels*. Colmar 1935.
Tansley, David V.: *Energiekörper*. Kösel, München 1985.
ders.: *Chakras, Rays & Radionic*. C. W. Daniels, Essex, England 1977.

Symbole

Westlake, Aubrey T.: *Medizinische Neuorientierung. Vis medicatrix naturae. Von der Huna-Philosophie zu den Orgon-Experimenten*. Origo Verlag, Bern.
Westlake, Aubrey T.: *The Pattern of Health*. Shamballa, London 1973.

Aromatherapie

Fischer-Rizzi, Susanne: *Himmlische Düfte*. Hugendubel, München 1989.
Keller, Erich: *Handbuch der ätherischen Öle*. Goldmann, München 1989.
Tisserand, Robert: *Aroma-Therapie*. Bauer, Freiburg 1987.

Bachblüten-Essenzen

Bach, Edward: *Blumen, die durch die Seele heilen. Die wahre Ursache von Krankheit – Diagnose und Therapie.* Hugendubel, München, [11]1990.

Scheffer, Mechthild: *Bach Blütentherapie. Theorie und Praxis.* Hugendubel, München, [14]1990.

dies.: *Erfahrungen mit der Bach-Blütentherapie. Mit Diagnose-Fragebogen.* Hugendubel, München, [6]1989.

Kombination von Energie-Heilverfahren, Farbtherapie

Kraaz, Ingrid S.: *Die richtige Schwingung heilt – Das große Praxisbuch für Bach-Blüten, Farbe und andere Energien.* Goldmann, München 1989.

Max Lüscher: *Der 4-Farben-Mensch. Der Weg zum Gleichgewicht.* Econ, Düsseldorf 1989.

Sanders, L.: *Die Farben deiner Aura.* Goldmann, München 1989.

Edelsteine

Chocron, Daya S.: *Heilen mit Edelsteinen.* Hugendubel, München, [6]1990.

Markham, Ursula: *Universelle Kräfte der Edelsteine und Kristalle.* Hugendubel, München 1990.

Die Sieben Strahlen

Bailey, Alice (siehe Literatur Allgemein).

Hodson, Geoffrey: *The 7 Human Temperaments,* The Theosophical Publishing House, Adyar, Madras, Indien.